d

Wünsch dir was

Geschichten und Gedichte

Zusammengestellt von
Martha Schoknecht

Diogenes

Originalausgabe

»In der Fähigkeit, einen edlen
Wunsch intensiv und heiß zu nähren,
liegt etwas wie Erfüllung.«
Marie von Ebner-Eschenbach

Inhalt

Der unerfüllte Wunsch

Gut ist's, einen Wunsch zu hegen
In der Brust geheimstem Schrein,
Mit dem Wahn, an ihm gelegen
Sei dein volles Glück allein.

Gut ist's, dass der Himmel immer
Dir verschiebt die Wunschgewähr;
Denn beglückt, du wärst es nimmer,
Und du hofftest es nicht mehr.

BANANA YOSHIMOTO

Das rechte Maß

Du, der Gast da drüben, der lässt sein Sparbuch offen auf dem Tisch liegen, einfach so!«, flüsterte mir meine Kollegin zu, die eben mit der Bestellung zurückgekommen war.

»Ach, wirklich?«, antwortete ich. In diesem Lokal überraschte mich nicht mehr allzu viel.

Durch die Beziehungen meines Vaters, der ein eigenes Restaurant führte, hatte ich den Job als Kellnerin gekriegt. Das Café gehörte zu einem großen Unternehmen. Nur Gäste mit Mitgliedsausweis waren willkommen.

Ein berühmter junger Architekt und eine nicht weniger berühmte Designerin hatten das Lokal entworfen. Der riesige Raum mit seinem sanften, dämmrigen Licht war japanisch gestylt, traditionell und modern zugleich. Mobiliar und Geschirr waren vielleicht nicht so alt oder antik, wie es schien, in ihrer Schlichtheit aber sehr stilvoll. Weil ältere Gäste besonderen Wert auf Qualität legen, wurden Tee oder Kaffee nur mit besten Zutaten und mit größter Sorgfalt zubereitet. Ich mochte dieses Café sehr.

Es kamen verschiedene Leute aus ganz verschiedenen Gründen. Geschäftsleute für ihre Besprechungen, einflussreiche Personen, die unbeobachtet sein wollten, verheiratete Männer mit ihren Geliebten, hochnäsige, sich affektiert gebärdende Söhne und Töchter reicher Eltern, gebrechliche Greise, leidenschaftliche Leser, ein älteres Ehepaar, das jeden Morgen nach dem Spaziergang herkam, um Tee zu trinken – kurz, eine illustre Schar von Gästen.

Es wurde kein Alkohol ausgeschenkt, und essen konnte man nicht viel mehr als Sandwichs oder japanische Süßigkeiten, aber das tat der Stimmung keinen Abbruch. Wie in einer gewöhnlichen Kneipe passierten auch hier die unmöglichsten Dinge, war auch hier die Vielfalt an Themen und Gesprächen unerschöpflich. Für uns Kellnerinnen, kostümiert mit schwarzen Miniröcken und weißen Schürzchen, galt absolute Diskretion. Es war strikt verboten, darüber zu reden, was man gesehen oder gehört hatte; dennoch erzählten wir uns heimlich dieses und jenes und stillten so unser unterdrücktes Mitteilungsbedürfnis.

»Das glaubst du nicht, verrückt, aber da standen jede Menge Nullen nebeneinander! Was will er wohl damit? Ein bisschen protzen?«, eiferte sich die Arbeitskollegin. »Bring du den Tee, das musst du gesehen haben.«

»Klar, mach ich. Würd mich ja interessieren, was das für einer ist«, antwortete ich.

Der grüne Tee war servierbereit. Ich stellte die vorgewärmte Teeschale auf das kleine, lackierte Tablett und machte mich auf den Weg. Es war ein rechtes Stück bis zum Gast.

»Darf ich stören, entschuldigen Sie bitte ... « Als ich das Teeset auf den Tisch stellte, wusste ich sofort, warum meine Kollegin so aus dem Häuschen geraten war.

Der Mann – unter dem eleganten schwarzen Mantel trug er einen abgetragenen Kaschmirpullover – war ungefähr Mitte sechzig und von gepflegter Erscheinung. Tatsächlich versuchte er auch meine Aufmerksamkeit auf sein Sparbuch zu lenken, indem er es zu mir hin schob. Er kam mir vor wie ein Exhibitionist, der seinen Hosenschlitz öffnete, um wildfremden Leuten den Inhalt zu präsentieren.

Wer weiß, was geschieht, wenn er mich beim Hingucken ertappt ... Vielleicht sucht dieser einsame, alte Mann nur einen Vorwand, um sich über uns beschweren zu können?

Ehrlich gesagt, gab es nicht wenige solcher Gäste, die stets etwas herumzunörgeln hatten und das Servierpersonal mit Spezialwünschen auf Trab hielten. Nur weil sie zahlende Mitglieder waren und glaubten, der Kunde sei König, egal, wie er sich benahm.

Es ist schon öfter vorgekommen, dass eine Runde mondän gekleideter, mit Hermes-Taschen bewehrter Damen sich laut und lebhaft über ein Thema ausließ, bei dem es mir die Schamröte ins Gesicht trieb, und einmal erlebte ich sogar, wie ein Gast – er hatte in der hintersten, von Schiebewänden abgeschirmten Ecke Platz genommen – seiner Begleiterin ungeniert unter den Rock langte. Natürlich ging ich unauffällig immer wieder nachschauen, um das Gebaren zu stoppen, aber zugleich wurde mir klar, dass eine schöne, friedliche Umgebung auf die Launen mancher Leute offenbar nicht den geringsten Einfluss hatte. So weltfremd, dass ich vor Empörung die Faust hinter dem Rücken ballte, war ich nicht, aber natürlich machte es mir viel mehr Freude, wenn ein betagtes Ehepaar lächelnd sagte: »Wir fühlen uns hier beim Tee so wohl«, oder wenn ich jene ältere, stets einfach gekleidete Frau sah, die dank ihres Sohns, einem Angestellten des Unternehmens, Mitglied geworden war und ihren Kaffee genoss, als wäre sie im siebten Himmel.

Jedenfalls gab ich mir alle Mühe, das Sparbuch zu ignorieren, und schaute eisern über die Nullen hinweg. Als ich mich vorbeugte, um Tee einzuschenken, schob er das Ding noch näher, mir direkt vor die Nase. Ich drehte den Kopf weg und konnte nur noch aus den Augenwinkeln verfolgen, wie der Tee in die Schale floss. Ich musste höllisch aufpassen, um nichts zu verschütten. Geschafft. Erleichtert richtete ich mich auf, er aber nahm sein Sparbuch und stoppte damit meine Hand, die den Teekrug hielt. »Was soll dieses Theater?!« Ich schloss die Augen und wollte mich mit einer Verbeugung empfehlen, da klatschte er sich das offene Sparbuch auf die Stirn, streckte es mir provokativ entgegen.

Unwillkürlich prustete ich los vor Lachen. Auch er lachte, ha ha ha ha! Er machte ein lustiges Gesicht dazu. Das ist keiner, der Schwierigkeiten machen will, dachte ich in diesem Moment, der will wahrscheinlich nur gucken, wie wir reagieren.

»Wenn Sie unbedingt wollen, dass ich hinschaue, dann tu ich Ihnen den Gefallen«, sagte ich, und tatsächlich reihte sich da eine ganze Girlande von Nullen aneinander.

»Wenn Sie es so offen herumzeigen, wird es Ihnen noch gestohlen. Bitte passen Sie auf, legen Sie Ihr Sparbuch an einen sicheren Ort.« Ich lächelte ihm zu und entfernte mich.

»Du bist ganz schön mutig«, sagte meine Arbeitskollegin, als ich zum Tresen zurückkehrte.

Etwa dreimal die Woche half ich in Vaters Restaurant aus. Ein kleines Lokal in einem Geschäftshaus von Akasaka. Es kamen fast nur Stammkunden, weshalb die Arbeit neben meinem anderen Job nicht allzu anstrengend war. Auf dem Speiseplan standen keine Menüs; es waren einfache Gerichte, die Vater je nach Tag und Saison mit preisgünstigen, frischen Zutaten zubereitete. Reservierungen nahm er nicht an, was wohl der Grund dafür war, dass sich eine bestimmte Sorte von Gästen nur selten blicken ließ. Offenbar gehen vornehme Leute nirgends hin, wo sie sich nicht im Voraus einen Platz sichern können. Sie mögen es nicht, zu warten oder gar abgewiesen zu werden. Vaters Restaurant besuchten meistens ganz gewöhnliche Leute oder solche, die sich nicht immer nur das Billigste leisten wollten. Wenn Gäste mit Rang und Ansehen spontan hereinschauten, benahmen auch sie sich ganz anständig und blieben nicht ewig auf ihren Stühlen sitzen, machten bereitwillig Platz für die nächsten. Die ungezwungene Atmosphäre gefiel mir.

Ist es nicht ein großes Glück, Respekt vor der Arbeit seines Vaters haben zu können? Wenn ich sah, wie mein Vater demjenigen, der eigens früher herkam, um für seinen Vorgesetzten einen Platz zu reservieren, heißen Tee offerierte und auch danach dafür sorgte, dass er nicht gelangweilt vor einem leeren Glas saß, wie er sich, ohne aufdringlich zu sein, um seine Gäste kümmerte und alle gleich behandelte, ob angesehen oder weniger angesehen – dann wurde mir erst richtig bewusst, wie stolz ich auf ihn war.

Mit meinen gerade mal dreißig Jahren war ich gewöhnlich die Jüngste im Lokal, aber da mir von klein auf eingetrichtert worden war, wie man mit Essen umgeht, kam ich ziemlich gut über die Runden. Dennoch gab es immer wieder etwas dazuzulernen, das gefiel mir.

Eigentlich war ich in meiner Jugend ein typischer Teenager, der seine Kleider gerade da liegen ließ, wo er sie abstreifte, oder sich die Fernbedienung mit den Füßen angelte. Tüten von Kartoffelchips mit Dosenbier hinunterzuspülen war jedoch nie meine Sache gewesen. Selbst wenn ich allein war, machte ich mir oft die Mühe, etwas Kleines zuzubereiten. Und wenn es auch nur etwas aus der Packung war, arrangierte ich es in einer Schale und trank mein Bier dazu aus dem Glas. Eine Selbstverständlichkeit für jemanden wie mich, deren Eltern sich in der Welt der Gastronomie kennengelernt hatten. Ich dachte mir nichts dabei, ich machte es einfach so.

Dass es leckere Sachen zu essen gab, mochte ich natürlich auch. Vater hatte zu Hause fast immer für uns gekocht, aber im Restaurant, bei der Zubereitung selbst kleiner Gerichte, ging er mit anderem Eifer zu Werke. Tagsüber in einem geschmackvoll eingerichteten Café mein Geld verdienen und nebenbei lernen, wie man guten Kaffee oder Tee kocht; abends, wenn Mutter von der Arbeit erschöpft war oder etwas zu tun hatte, bei Vater im Restaurant aushelfen, bis ihm vor Müdigkeit das Messer aus der Hand fiel – das war mein Leben, denn es war stets mein unerschütterlicher Vorsatz gewesen, so viele Erfahrungen zu sammeln wie möglich. Ein vornehmes japanisches Lokal zu führen traute ich mir nicht zu, aber eine einfache Kneipe, das schon. Ein ferner Zukunftstraum. Ich stellte mir bereits vor, zu welchen Snacks ich welchen Sake servieren würde. Und natürlich wünschte ich mir einen Partner, der mir helfen würde.

Doch die Sache hatte einen Haken: Weil die Arbeit mich so sehr in Anspruch nahm, verbrachte ich Sonntag für Sonntag todmüde im Bett. Für eine intensive Freundschaft hatte ich weder genügend Zeit noch Kraft. Zwar hatte ich einige Freunde gehabt, aber nur kurz. Nach ein paar Wochen oder Monaten war immer wieder Schluss gewesen. Meine Beziehungen lösten sich wie von selbst auf.

Als ich an jenem Tag in Vaters Restaurant erschien, knurrte er mich an: »Mensch, was hast du angestellt?!«

»Wo, hier? Ich bin ja erst gekommen, und gestern sind wir doch zusammen nach Hause gefahren«, sagte ich.

»Nein, da, wo du tagsüber arbeitest.«

»Nichts, wieso denn?«

Während ich bei den Vorbereitungen half, sah ich wieder das Gesicht des Alten mit dem Sparbuch vor mir.

»Saitō hat ausrichten lassen, der Besitzer wolle mit dir reden«, sagte Vater.

Herr Saitō war einer seiner Stammgäste. Er war es, der mich dem Café empfohlen hatte. Ich ahnte nichts Gutes. War der alte Mann, den ich noch nie gesehen hatte, etwa dessen Besitzer?

Kurz darauf füllte sich das Restaurant mit Gästen, wir hatten alle Hände voll zu tun. An dem Abend kam das Thema zwischen mir und Vater nicht mehr zur Sprache.

Am nächsten Tag bat mich der Chef des Cafés, etwas früher mit der Arbeit aufzuhören. »Sie werden erwartet«, sagte er. Nachdem ich mich umgezogen hatte, ging ich zum sogenannten Separée. Tatsächlich, da saß er wieder, mein alter Bekannter. Er trug eine teuer aussehende Daunenjacke, darunter den gleichen Kaschmirpullover wie am Tag zuvor.

Meine Arbeitskollegin brachte Wasser. »Du Arme, jetzt kriegst du einen Rüffel und wirst gefeuert, bloß weil ich wollte, dass du hingehst und dir das anguckst.« Das sagte sie nicht – es stand ihr ins Gesicht geschrieben, deutlicher, als gesprochene Worte es hätten ausdrücken können. Lächelnd nickte ich, bedeutete ihr: »Schon gut, mach dir keine Sorgen«, und sagte dann: »Für mich auch einen grünen Tee, bitte.« Mit bedauernder Miene ließ sie uns allein.

»Ich ahnte nicht, dass Sie der Besitzer dieses Lokals sind, es tut mir aufrichtig leid«, entschuldigte ich mich.

Soweit es bekannt war, hatte sich der Besitzer frühzeitig aus der Geschäftsleitung zurückgezogen und seinem Sohn die Verantwortung übergeben, aber als einstiger Mitbegründer des Unternehmens und angetan vom Vorschlag seiner Frau, eine Art Memberklub einzurichten, wo Firmenangestellte, deren Angehörige und Freunde gemütlich beieinander sein können, ließ er dieses Café entwerfen und mietete dafür Räumlichkeiten im Gebäude seiner Firma an, alles auf eigene Kosten. Sogar den Gewinn wollte er der Firma spenden. Ich hatte auch gehört, dass seine Frau wesentlich an der Organisation und Ausstattung des Cafés beteiligt gewesen war.

»Wie sollten Sie das auch wissen, ich bin ja noch nie hier gewesen.«

Ich schaute mir den alten Mann genauer an und bemerkte, wie glatt seine Haut war. Er sah überraschend jung aus.

Auf einmal begann er zu erzählen, langsam und immer wieder innehaltend.

»Vor drei Jahren ist meine Frau gestorben, und

mein einziger Sohn hat eine Familie, daher bin ich allein in ein kleines Haus gezogen. Leider nicht gerade in der Nähe von hier. Meine Frau hatte sich wahnsinnig auf ihren ›Salon‹, wie sie gern sagte, gefreut, sie träumte davon, jeden Tag hierherzukommen. Schauen Sie, das sind alles Dinge von zu Hause, jener Geschirrschrank dort, die Teeschalen, die Krüge … Tja, und dann ist sie gestorben, bevor ihr Traum in Erfüllung gehen konnte … An einem Ort wie hier geht das Geschirr mit der Zeit natürlich kaputt, das ist traurig, aber andererseits, was soll ich damit, wenn ich sterbe? Man kann ja nichts mitnehmen. In einem Schuppen bei mir zu Hause liegt noch vieles herum, das wird früher oder später hier landen, denke ich. Für Nachschub ist also gesorgt.«

»Ich kenne mich mit Antiquitäten nicht aus, aber hier zu arbeiten macht wirklich Spaß. Eine gemütliche Atmosphäre, als wäre man bei einem guten Freund eingeladen.« Es kommt ja wohl nicht mehr darauf an, was ich sage, dachte ich, versuchte aber trotzdem zu retten, was noch zu retten war.

Wie kommt ein so kultivierter Mensch dazu, wildfremden Leuten sein Sparbuch zu zeigen? Der Mensch ist ein unergründliches Wesen.

Meine Kollegin brachte den Tee. Zum ersten Mal saß ich als Gast hier. Der Tee schmeckte vorzüglich.

Beim Trinken berührte ich die Schale nur leicht mit den Lippen. Sie schien das Aroma erst richtig zur Geltung zu bringen.

»Ich dachte, es würde mich nur traurig stimmen. Daher habe ich mich lange gescheut, diesen Ort aufzusuchen.«

»Von jetzt an ändert sich das vielleicht? Sie sind jederzeit willkommen«, sagte ich im festen Glauben, sogleich entlassen zu werden. Ich lächelte angespannt.

»Haben Sie nachher Lust auf ein Rendezvous?«

In Ihrem Alter! Was denken Sie sich? Und selbst wenn Sie noch so viele Nullen im Sparbuch haben – Ihren Wunsch muss ich leider ausschlagen, antwortete ich in Gedanken.

»Wenn ich es ablehne, werde ich dann entlassen?«

Schon wollten die Worte über meine Lippen, aber im letzten Moment hielt mich etwas zurück. Gewiss, die Frage mochte berechtigt sein, aber es klang fast so vulgär, wie wenn ich gesagt hätte: »Wie viel krieg ich denn dafür?« Jemand wie er, der nicht nur viele Erfahrungen gemacht, sondern noch dazu seine Lebensgefährtin verloren hatte, verdiente das nicht. Selbst wenn er es nicht lassen konnte, mit seinem dicken Sparbuch zu prahlen.

Manchmal reagiert mein Körper so. Worte, die wie kleine vorwitzige Wesen aus meinem Mund purzeln wollen, bleiben plötzlich stecken. Wenn ich mir dann im Nachhinein überlege, warum, finde ich meistens eine Antwort.

Schließlich sagte ich: »Ich muss jetzt los zur Arbeit. Möchten Sie nicht mal bei meinem Vater vorbeischauen? Reservieren geht nicht, möglicherweise ist das Restaurant auch schon voll, aber wir stellen einfach einen zusätzlichen Stuhl an die Theke. Sie sind herzlich eingeladen. Das Essen wird Ihnen bestimmt schmecken!«

Verblüfft blickte der Alte mich an. Mit so etwas schien er nicht gerechnet zu haben. Natürlich, wo er doch sicher all diese feinen Restaurants kannte und sich dachte, was soll ich mich von dieser suspekten Person zum Laden ihres Vaters abschleppen lassen? Lächerlich!

Doch er folgte mir.

Sein Name war Shinjō. Als ich mit ihm erschien, war Vater zuerst überrascht, dann schaute er mich an mit einem Gesicht, als wollte er mir sagen: »Am liebsten würde ich dir den Hals umdrehen«, aber schon im nächsten Augenblick fasste er sich und war wieder der gewohnt aufmerksame Hausherr, dem nichts über das Wohl seiner Gäste ging. Wider Erwarten war noch niemand da, und so konnte sich Shinjō einen gemütlichen Platz aussuchen. Er nahm sich Zeit, trank langsam, bestellte ein paar Häppchen zum Essen, dann kehrte er in bester Laune nach Hause zurück. Ich begleitete ihn auf die schmale, staubige Straße hinaus, wo bereits ein Taxi wartete. Als es losfuhr und ich hinterherwinkte, dachte ich erleichtert, ah, Glück gehabt. Jetzt haben wir nicht nur einen neuen Stammgast, ich muss mir sicher auch keine Sorgen mehr um meine Arbeit machen.

Ehrlich gesagt, gab es damals noch etwas anderes, was mich in Verlegenheit brachte.

Es hatte mit einem Jungen aus der Nachbarschaft zu tun, der regelmäßig spät in der Nacht zu Besuch kam, um mir auf seiner Flöte vorzuspielen. Er war noch Grundschüler, übte aber schon fleißig für die Musikhochschule.

Anfangs, in seinem ersten, zweiten Schuljahr, kam er nur sporadisch, dann immer häufiger. Ich mochte den Klang der Querflöte, und solange er nicht die halbe Nacht bei uns verbrachte, ließ ich ihn gerne spielen. In einem schallisolierten Zimmer stand sogar ein Klavier, da ich als Kind Unterricht genommen hatte und auch Mutter gelegentlich spielte. Dort konnte der Junge ungestört seiner Leidenschaft nachgehen.

Seine Eltern, klagte er, hätten immer nur die Aufnahmeprüfung im Kopf und gar nicht wirklich Freude, wenn er spiele. Außerdem hasste er seinen Lehrer. Er wünschte sich, während der Mittelschule einmal ins Ausland gehen zu können, als Austauschschüler. In der Nachbarschaft gab es Leute, die dem hochbegabten Jungen eine glänzende Zukunft prophezeiten. Selbst wenn er am Ende kein weltberühmter Musiker werde, reiche es bei seinem Talent allemal zu einer Karriere als Profimusiker, meinten sie.

Ich verstand allzu gut, dass ihm der Druck seiner Eltern zuwider war – er war ja noch so jung! – und dass er das Bedürfnis hatte, diesem Druck zu entfliehen und einfach nur zu spielen, was sein Herz begehrte. Nie wäre mir in den Sinn gekommen zu sagen: Du kannst das Zimmer gern benutzen, es ist ja für deine Zukunft. Das wäre wieder so eine blöde Zumutung gewesen. Wenn er will, soll er bei uns zu Hause spielen können, dachte ich. Gab es einen Grund, ihm das zu verwehren?

An jenem Abend war ich todmüde nach Hause gekommen und hatte gerade eine Kompresse auf meine schmerzenden Schultern gelegt, als ich draußen vor dem Fenster leise, vertraute Flötentöne vernahm. Ich zog mir eine Jacke über und öffnete den Vorhang – da stand Taizō mit seiner langen Flöte. Sie blitzte im Dunkel der Nacht. Durch das große Schiebefenster auf der Veranda ließ ich ihn ins Haus.

Obwohl er ein feines, hübsches Gesicht hatte, wirkte er im Vergleich zu anderen Jungen seines

Alters, die adrett gekleidet waren und sich manierlich benahmen, wie ein ungeschliffener, ruppiger Kerl. Aber für ihn gab es eben nichts Wichtigeres im Leben als seine Flöte, was gewiss auch seinen Charme hatte. Dennoch ermunterte ich den Jungen immer wieder: Am besten, du machst möglichst bald diesen Schüleraustausch und wirst ein hübscher, netter junger Mann. Wenn du in die Gegend von Wien fährst, könnte ich dich sogar besuchen! Ich möchte ja auch mal nach Europa und mir die Restaurants dort angucken. Wär das nicht toll?

»Ich will ins Klavierzimmer«, sagte Taizō nur.

Ein bisschen Begleitmusik zu meinem Nachttrunk kam mir nicht ungelegen, daher folgte ich ihm. Ab zwei Uhr früh, wenn Vater und Mutter zu Bett gegangen waren und schliefen, gehörte das Haus mir ganz allein. Ich konnte, ohne dass es jemand merkte, zu mir hereinlassen, wen ich wollte, aber leider gab es in meinem arbeitsamen Leben niemanden zum Hereinlassen als diesen kleinen Jungen, der noch immer zur Grundschule ging.

Auch Taizō schien heute müde zu sein, die Töne aus seiner Flöte hatten keine Kraft, keinen Glanz. Ich trank reichlich Sake und aß gesalzene koreanische Algenblätter dazu, die so schön zwischen den Zähnen knistern. Mir war schwindelig, vor Müdigkeit konnte ich kaum mehr meine Augen offen halten. Da begann die Musik auf einmal wunderbar hell und klar zu erklingen, als wäre sie zu neuem Leben erwacht. Sicher wird in Zukunft dieses und jenes passieren und mit den Erfahrungen auch der Klang sich verändern, ging es mir durch den Kopf, aber sein ureigener Ton, der in jedem Moment um Liebe zu flehen schien und dennoch nichts Kokettes, Gefälliges an sich hatte, dieser Ton würde sich wohl sein Leben lang nicht ändern.

»Ich geh jetzt schlafen, spiel einfach weiter«, sagte ich todmüde. Ich wollte nur noch ins Bett.

»Ohne Zuhörer ist es aber langweilig!«, protestierte Taizō.

»Tja, dann morgen wieder. Ich schaff es nicht mehr länger, wach zu bleiben«, sagte ich mit sanfter Stimme und ging aus dem Zimmer.

Widerwillig packte Taizō seine Flöte ein. Wenn er fertig gespielt hatte, wischte er seine Flöte stets sorgfältig ab, polierte sie, strich zärtlich mit seinen Fingern darüber. Genau wie Vater, wenn er eine japanische Zitrone oder eine Taro-Kartoffel in die Hand nahm. Ich mochte es, ihm dabei zuzuschauen.

Na dann, sagte ich und öffnete das Verandafenster. Taizō schmiegte sich eng an mich, umarmte mich. Dass das irgendwann geschehen würde, hatte ich kommen sehen.

»Du musst mich einmal heiraten«, sagte er.

»Ich glaube, du meinst etwas anderes, oder etwa nicht? Obwohl dein Zipfelchen noch gar nicht ordentlich steht, obwohl du da unten noch fast keine Haare hast«, sagte ich. Er war gerade mal zwölf Jahre alt.

»Vielleicht geht es doch«, sagte er und stieß mich zu Boden.

Ein Grundschüler – zum Lachen!

»In zehn Jahren überleg ich mirs mal, aber sicher nicht jetzt.«

Ich nahm seinen Kopf in meine Hände, wie bei einem kleinen Kind. Sein Haar roch nach Heu. Es roch gut.

»Ich verstehe«, sagte er enttäuscht, dann berührte er mit einer Hand meine Wange und fuhr mir mit der anderen sacht über die Haare. Noch ein Kind und doch schon ein Mann … Ich spürte, wie sich mein Herz zusammenzog. Mit etwas Hartem in der Hose und ohne sich noch einmal nach mir umzudrehen, ging er weg. Armer Kerl, dachte ich. Wir hätten es im Bett miteinander versuchen können, es wäre einfach gewesen, aber sicher nicht vernünftig. Sollte er erst einmal in die Welt hinaus, ein charmanter Jüngling werden, Mädchen lieben lernen … Es war mir gar nicht danach, seine ganze angestaute Energie aufzufangen, die für diese Dinge vorhanden war – schon gar nicht mit meiner Kompresse auf der Schulter.

Shinjō kam von da an fast jeden Tag.

Und Tag für Tag bat er mich, zu ihm nach Hause zu kommen und etwas zu kochen. Meine Arbeitskollegin feuerte mich neckisch an: »Heirate ihn, Hauptsache, du kriegst sein Erbe«, und als ich sagte: »Was nützt mir das, wenn er neunzig wird und ich es so lange mit ihm aushalten muss?«, antwortete sie: »Du kannst mich ja als Haushälterin anstellen, zu einem besonders guten Gehalt natürlich, gell? Ich wohne bei euch, und wir haben unseren Spaß zusammen.« Sie lachte.

An dem Abend war es sehr, sehr kalt.

Zudem hatte sich mein Vater am Vortag schrecklich über mich geärgert, was noch immer meine Stimmung trübte. In der Hektik war ein Reisgericht viel zu lange auf dem Tresen stehengeblieben. Als ich es dem Gast servierte, beschwerte der sich prompt. »Das ist ja kalt!«, rief er und machte ein verdrossenes Gesicht. Solche Dinge passieren mir immer wieder. »Du bist übermüdet, ich springe heute für dich ein«, hatte darauf Mutter am Morgen gesagt, obwohl sie selber in den Wechseljahren war und sich nicht wohl fühlte.

Ich will keineswegs eifersüchtig oder neidisch sein, aber Vater und Mutter waren sich sehr ähnlich, nicht nur im Gesichtsausdruck, sondern in ihrer ganzen Art. Wenn die beiden im Restaurant arbeiteten, herrschte eine Harmonie, die mit mir undenkbar war. Alles ging Hand in Hand, ein gleichmäßig fließender Rhythmus, der auch bei Streitigkeiten und Stress nie ins Stocken kam. Wenn ich das sah und mir dazu noch meine Nachlässigkeit vorgehalten wurde, kam ich mir ziemlich überflüssig vor. In solchen Situationen wünschte ich mir nichts sehnlicher, als endlich Herrin zu sein in meinem eigenen Reich, mit meinem eigenen Partner.

Kurz vor Arbeitsschluss kam Shinjō und bestellte einen Tee. Als ich durch den Küchenausgang trat, einen freien Abend vor mir, wartete er schon auf mich. Lass uns zusammen nach Hause gehen, sagte er.

Er reichte mir den Arm, ich hakte mich bei ihm unter. Es fühlte sich viel vertrauter an, als wenn Vater oder Großvater neben mir gewesen wäre.

Und dennoch spürte ich deutlich: So wie ich in Taizō letztlich nichts anderes sehen konnte als einen kindlichen Ersatzmann, so würden die Gefühle, die Shinjō mir entgegenbrachte, nie und nimmer an die unermessliche, unerreichbare Liebe zu seiner verstorbenen Frau heranreichen.

Was, wenn Vater plötzlich ohne Mutter wäre? Ich konnte es mir gut vorstellen. Bestimmt würde auch er die Gesellschaft einer jüngeren Frau, vielleicht in meinem Alter, suchen und hoffen, sie möge ihn etwas ablenken, ein wenig Farbe in den tristen Alltag bringen.

Als mir dieser Gedanke durch den Kopf ging, fühlte ich mich sofort erleichtert.

Das Haus, in dem Shinjō wohnte, war tatsächlich sehr klein. Umgeben von einem großen Garten, glich es eher einem Lagerschuppen. Neben dem Haus stand ein richtiger alter Speicher. Den zeigte mir Shinjō zuerst. Es war kein besonders kunstvolles Bauwerk, wirkte aber weder verstaubt, noch roch es muffig oder modrig darin. Sorgfältig verpackt, lagerten hier die verschiedensten Dinge – offensichtlich das Werk seiner Frau, die sich mit spürbarer Liebe um ihre Schätze gekümmert hatte.

Im Haus sah es erbärmlich aus. Dreckig war es nicht, dafür düster und recht verwahrlost. Eine Atmosphäre, als hätten alle Lebensgeister das Haus verlassen.

Eine Katze schlich herum.

»Warum ich mit diesem Zotteltier zusammenwohne, weiß ich selber nicht. Aber wenn ich sie beim Namen rufe, kommt sie. Wir mögen uns halt, komisch, nicht wahr?«

Erst jetzt wurde mir bewusst, wie allein sich Shinjō hier fühlen musste. Das Haus war so voll von Einsamkeit, dass es fast zu zerbersten drohte. Und diese übermächtige Einsamkeit war es wohl auch, die ihn dazu trieb, in seinem eigenen Lokal mit komischen Kapriolen junge Frauen anzumachen.

Das Fensterglas in der Küche war zerbrochen. Auf der Anrichte lag eine große leere Sakeflasche, im Spülbecken daneben hatte sich eine Reihe benutzter Gläser angesammelt. In den verwilderten Garten konnte man gar nicht hinaussehen, weil das Fenster von dichtem Blätterwerk zugewachsen war. Jedes Mal wenn der Wind blies, rauschte und knackte und ächzte es im Geäst, dass einem ganz elend wurde. Ich musste an die Geschichte des kleinen Graustars denken, der nichts vom Tod seiner Mutter wusste und Tag für Tag auf ihre Rückkehr wartete. Eines Nachts wachte das Vogelkind auf, weil es ein Geräusch wie Flügelflattern hörte. »Mama ist wieder da!«, rief es aufgeregt und rüttelte seinen Vater wach, der sehr wohl wusste, dass Mama nicht wieder heimkehren würde. So trostlos und schmerzhaft wie für den Vogelvater hörte sich auch für mich das Rauschen des Windes an.

Während wir Sake tranken, bereitete ich ein einfaches Nudelgericht mit Pilzen, Fleisch und Gemüse zu. Er aß es mit Appetit. Ich war vom Alkohol schon ganz beduselt.

»Nur ausziehen, das genügt schon …«

Wie in Trance folgte ich seiner zudringlichen

Bitte. Nicht nur das, ich schlief sogar mit ihm. Mit einem Mann, der älter war als mein Vater. Nun, wenn es mal so weit kommt, spielt das Alter keine Rolle mehr – vorausgesetzt, es klappt, und es klappte problemlos. Als ich sagte, so könne es aber nicht weitergehen mit uns, ich wolle nämlich heiraten, antwortete er ungerührt: »Und ich wollte heute einfach mit dir schlafen. In meinem Alter weiß man nicht, ob man morgen noch lebt. Ich steh dir sicher nicht im Weg. Ich bin zufrieden, wenn ich hin und wieder als Gast bei deinem Vater willkommen bin, wenn ich dich in meinem Café sehen kann und du mir noch ein- oder zweimal den gleichen Gefallen tust wie heute. Ich habe nicht die Absicht, ein unausstehlicher, hässlicher Greis zu werden, der allen zur Last fällt.«

Das sagt er nicht nur so, dachte ich. Mehr als ungestillte Begierde oder das Bedürfnis, sich jemanden gefügig zu machen, war bei diesem Mann die Sehnsucht nach dem Tod zu spüren. »Wie ein alter Lüstling will ich nicht sterben, wie ein Heiliger aber auch nicht. Jedenfalls ist es schön, mit dir zusammen zu sein, auch wenn du mir vielleicht etwas vorspielst«, sagte er. Und ergänzte, da mache er sich keine Illusionen, so dumm sei er nicht.

Shinjō bestellte einen Wagen mit Chauffeur für mich. In einiger Entfernung von zu Hause stieg ich aus. Frischer Nordwind wehte mir ins Gesicht. Ich wickelte mich fest in den Mantel ein. Noch immer konnte ich seine Erregung in meinem Körper spüren, vom Nacken bis in die Fußspitzen.

Was für ein Leben …, dachte ich.

Vater und Mutter hatten um diese Zeit wohl noch alle Hände voll zu tun mit ihrer fröhlichen, nimmermüden Gästeschar. Liebte ich vielleicht, viel mehr als mir bisher bewusst gewesen war, meinen eigenen Vater? Mit dieser trivialpsychologischen Erklärung versuchte ich mir einen Reim auf das Ganze zu machen, doch dann dachte ich, nein, für mein Leben, so wie es war, trug ich die Verantwortung, ich allein. Es hat sicher einen Grund, wenn sich heiratswillige Männer in meinem Alter stets von mir abwandten. Musste es unbedingt ein Superman sein, der alles konnte? Oder war ich einfach zu nachlässig, zu schlampig? Nein, das war es nicht … Mit derlei Gedanken im Kopf ging ich meines Weges. Etwas musste heillos aus dem Lot sein. Nur – was?

Ich kam zum Schrein, den ich immer am ersten Neujahrstag zu besuchen pflegte. Zögernd betrat ich das dunkle Gelände. Auf der anderen Seite des kleinen, halb hinter den Bäumen versteckten roten Tores war eine alte Steintreppe. Die moosbewachsenen, silbrig glänzenden Stufen führten hinauf zum Schrein. Ein ziemlich langes Stück und steil.

Im Schrein war es stockfinster, man sah nichts. Die Silhouette der Dachspitzen schien im Wind zu zittern.

Ich warf eine Opfermünze in den Holzkasten, nahm das farbig geflochtene, dicke Seil in meine kalten Hände und schwang es hin und her. Das Glockengeläut mitten in der Nacht hatte einen hellen, warmen Klang. Dann verbeugte ich mich zweimal, klatschte zweimal in die Hände und betete.

»Bitte keine Kinder und keine Greise mehr. Schenk mir einen Partner im vernünftigen Alter, mag der Weg bis dahin noch so weit und beschwerlich sein.«

Ich blickte zum Himmel. Zwischen den pechschwarzen Umrissen der Äste glitzerten die Sterne. In der Dunkelheit, die den Schrein umgab, leuchteten die Sterne umso intensiver.

Mir dauernd den Kopf zu zerbrechen war eine Qual. Ich nahm mir vor, es von jetzt an leichter zu nehmen. Ich hatte Gott meine innigsten Gefühle anvertraut, der Rest war Hoffen. Es kommt, wie es kommen muss, dachte ich, während ich die Steinstufen wieder hinabstieg und mich eilig auf den Heimweg machte.

KURT TUCHOLSKY

Ideal und Wirklichkeit

In stiller Nacht und monogamen Betten
denkst du dir aus, was dir am Leben fehlt.
Die Nerven knistern. Wenn wir das doch hätten,
was uns, weil es nicht da ist, leise quält.
Du präparierst dir im Gedankengange
das, was du willst – und nachher kriegst dus nie …
Man möchte immer eine große Lange,
und dann bekommt man eine kleine Dicke –
C'est la vie –!

Sie muß sich wie in einem Kugellager
in ihren Hüften biegen, groß und blond.
Ein Pfund zu wenig – und sie wäre mager,
wer je in diesen Haaren sich gesonnt …
Nachher erliegst du dem verfluchten Hange,
der Eile und der Phantasie.
Man möchte immer eine große Lange,
und dann bekommt man eine kleine Dicke –
Ssälawih –!

Man möchte eine helle Pfeife kaufen
und kauft die dunkle – andere sind nicht da.
Man möchte jeden Morgen dauerlaufen
und tut es nicht. Beinah ... beinah ...
Wir dachten unter kaiserlichem Zwange
an eine Republik ... und nun ists die!
Man möchte immer eine große Lange,
und dann bekommt man eine kleine Dicke –
Ssälawih –!

RENÉ GOSCINNY & JEAN-JACQUES SEMPÉ

Lieber Weihnachtsmann

Seitdem ich schreiben kann – und das ist schon eine ganze Weile –, habe ich Papa und Mama jedes Jahr versprochen, dass ich Dir einen Wunschzettel schicke, wegen der Weihnachtsgeschenke.

Ich war ja schon ziemlich enttäuscht, als Papa mich zwischen seine Knie genommen und mir erklärt hat, der Weihnachtsmann ist dieses Jahr nicht so reich, besonders weil Du so viel Geld für die Reparatur von Deinem Schlitten bezahlt hast, nämlich weil so ein Idiot mit seinem Schlitten Dir von rechts reingefahren ist, und es gibt sogar Zeugen, aber die Versicherung hat gesagt, Du hängst mit drin, aber das stimmt überhaupt nicht. So etwas ist Papa mit seinem Auto letzte Woche auch passiert, und er war ganz schön sauer.

Und dann hat Papa mir noch gesagt, ich muss nett und großzügig sein und ich soll mir nicht nur Sachen für mich wünschen, sondern auch Geschenke für alle, die ich gernhabe, und für meine Klassenkameraden. Also gut, habe ich gesagt, einverstanden. Und Mama hat mich in den Arm genommen und hat gesagt, ich bin ihr großer Junge und sie ist sicher, Du hast noch genug Geschenke in Reserve trotz der Sache mit dem Schlitten, und Du vergisst mich nicht ganz. Die ist wirklich nett, meine Mama.

Also gut: Für mich wünsche ich mir gar nichts. Aber für Papa und Mama – das wäre klasse – könntest Du mir ein kleines Auto schenken? So eins, wo ich selber drin sitzen kann und das ganz von alleine

fährt, ohne Pedale, aber dafür mit Scheinwerfern, die richtig leuchten wie die an Papas Auto (vor dem Unfall). Das Auto, das hab ich ein Stück weit hinter der Schule in einem Schaufenster gesehen. Wenn Du Papa und Mama das Auto schenken könntest, das wäre prima, ich fahre dann auch nicht immer damit im Garten herum, versprochen, und dann ärgert sich Mama auch nicht, nämlich die kann es nicht leiden, wenn ich die ganze Zeit im Haus herumrenne und in der Küche Dummheiten mache. Und Papa kann dann in Ruhe seine Zeitung lesen, nämlich wenn ich im Wohnzimmer Ball spiele, dann regt er sich auf und er fragt sich, womit er das verdient hat, dass er nach einem Tag im Büro nicht mal zu Hause seine Ruhe hat.

Wenn Du Papa und Mama das Auto schenkst, dann kauf bitte das rote! Es gibt auch ein blaues, aber ich glaube, für Papa und Mama passt das rote besser.

Für meine Lehrerin – die ist immer so nett und freundlich, wenn wir nicht zu viel Quatsch machen – wünsche ich mir zu allen Rechenaufgaben die Lösung. Ich weiß, dass unsere Lehrerin mit unseren schlechten Noten immer viel Mühe hat, nämlich sie sagt oft zu mir:

»Meinst du, Nick, das macht mir Freude, wenn ich dir eine Fünf geben muss? Ich weiß doch, dass du besser arbeiten kannst.«

Na ja, wenn ich die Lösungen der Rechenaufgaben im Voraus hatte, das wäre Klasse, nämlich die Lehrerin würde mir gute Noten geben und dann wäre sie unheimlich froh. Und das wäre schon toll, wenn ich meiner Lehrerin so eine Freude machen konnte – und außerdem: Adalbert, der Streber, der ist dann nicht mehr der Beste, und das geschieht ihm Recht, nämlich der fällt uns auf den Wecker, nee wirklich!

Georg, der hat ja einen sehr reichen Vater, der ihm alles kauft, was er will, und er hat auch eine Musketier-Ausrüstung gekriegt, toll, mit einem richtigen Degen – tschaf, tschaf –, und einen Hut mit einer Feder und alles. Aber Georg ist der Einzige, der so

eine Musketier-Ausrüstung hat, und wenn er mit uns spielt, der Georg, das ist doof, vor allem wegen der Degen, nämlich wir müssen immer die Lineale nehmen, aber das ist nicht dasselbe.

Also wenn ich auch so eine Musketier-Ausrüstung hatte, dann wäre das doch klasse für Georg, denn dann kann er wirklich mit mir fechten – tschaf, tschaf –, und die anderen mit ihren Linealen nehmen wir gefangen und wir sind immer die Sieger.

Für Otto, das ist einfach. Otto, das ist ein Kumpel von mir, der isst gerne, und für ihn wünsch ich mir eine Menge Geld, dann kann ich ihn jeden Tag nach der Schule in die Konditorei einladen, und da kann er die Schokoladenbrötchen essen, die mögen wir so gern! Otto mag auch gern Aufschnitt, aber ich kaufe ihm Schokoladenbrötchen, ich bezahle ja schließlich, und wenn ihm das nicht gefällt, dann soll er sich seinen Aufschnitt doch selber kaufen, nee wirklich!

Joachim, der spielt gern mit Murmeln. Man muss zugeben, er spielt schon gut, und wenn er genau zielt – bing –, trifft er fast immer. Deshalb spielen wir nicht so gern mit ihm. Klar, nämlich wenn wir richtig im Ernst spielen, verlieren wir alle Murmeln an ihn, da langweilt er sich in der Pause natürlich.

»Nun kommt schon, Jungens, los, kommt schon!«, ruft er dann und er ist ziemlich sauer.

Also: Wenn ich eine Menge Murmeln bekomme, dann bin ich einverstanden und spiele mit Joachim, und selbst wenn er immer gewinnt, der dreckige Trickser, dann hab ich immer noch genug Murmeln.

Franz, der ist sehr stark und er gibt seinen Freunden gern eins auf die Nase. Franz hat mir erzählt, er wünscht sich ein Paar Boxhandschuhe, da hätten wir in der Pause unseren Spaß. Obwohl – für Franz wäre es das beste Geschenk, wenn er sie nicht bekäme, die Boxhandschuhe. Nämlich ich weiß schon, was dann passiert: Franz kommt mit seinen Boxhandschuhen, er fängt an und haut uns auf die Nase, wir bluten, das Geschrei geht los und der Hilfslehrer kommt angerannt. Franz wird bestraft, und wir,

wir stehen immer dumm da, wenn ein Kumpel von uns nachsitzen muss.

Also Boxhandschuhe, da müssten wir alle welche kriegen, so hätte der Franz keine Probleme.

Chlodwig, das ist der Schlechteste der Klasse. Wenn die Lehrerin ihn was fragt, muss er hinterher in der Pause dableiben, und wenn es Zeugnisse gibt, hat er zu Hause Theater und er darf nicht ins Kino, kriegt keinen Nachtisch und darf nicht fernsehen. Mal darf er dies nicht und dann das nicht, der Chlodwig, und neulich ist der Rektor in den Unterricht gekommen und hat ihm vor allen anderen gesagt, er endet noch mal im Zuchthaus und das wird seinen Papa und seine Mama hart treffen, die so viele Opfer für ihn bringen, damit er eine gute Erziehung kriegt. Aber ich, ich weiß, warum Chlodwig der Klassenletzte ist und warum er im Unterricht immer schläft. Nämlich Chlodwig ist nicht dümmer als Roland, aber er ist meistens müde. Chlodwig, der trainiert auf seinem hübschen gelben Fahrrad. Er will die Tour de France fahren, später, wenn er groß ist.

Na, und klar: Wegen des Trainings kann er seine Hausaufgaben nicht machen, und weil er sie nicht schafft, gibt ihm die Lehrerin eine Strafarbeit nach der anderen und er muss Tätigkeitsworte beugen und da hat er ja nur immer noch mehr Arbeit und

das Training kommt zu kurz, und er muss sogar am Sonntag arbeiten. Na, und damit Chlodwig nicht ewig Klassenletzter bleibt und wieder ins Kino darf und fernsehen, ist es das Beste, man nimmt ihm das Fahrrad weg. Wenn er so weitermacht wie bis jetzt, kommt er ja ins Zuchthaus, wie der Herr Rektor sagt, und da lassen sie ihn bestimmt nicht die Tour de France fahren. Also wenn Du einverstanden bist, lieber Weihnachtsmann, dann nehme ich das Fahrrad so lange, bis Chlodwig groß ist und nicht mehr in die Schule muss.

Für den Hühnerbrüh – das ist unser Hilfslehrer (aber das ist nicht sein richtiger Name), bei dem muss man immer sehr brav sein. Es stimmt schon, er muss die ganze Zeit auf dem Pausenhof rumrennen, er muss uns trennen, wenn wir uns verhauen, und er muss uns verbieten, Jägerball zu spielen, seitdem das Fenster vom Rektor kaputt ist, und er muss uns erwischen, wenn wir Quatsch machen, uns in die Ecke schicken oder uns nachsitzen lassen und Strafarbeiten aufgeben, und dann muss er auch noch zum Ende der Pause läuten – er hat eine Menge zu tun, der Hühnerbrüh! Den schickst Du am besten sofort in die Ferien, da kann er nach Hause fahren, ins Allgäu, und lange da bleiben. Damit es gerecht zugeht, kannst Du Herrn Flickmann auch gleich in die Ferien schicken, der muss den Hühnerbrüh nämlich ersetzen, wenn der nicht da ist.

Für Marie-Hedwig – das ist unsere kleine Nachbarin, sie ist sehr nett, auch wenn sie ein Mädchen ist, aber sie hat ein rosiges Gesicht und blaue Augen und blonde Haare –, für Marie-Hedwig wünsche ich mir, dass ich lerne, ganz tolle Purzelbäume zu schlagen. Sie sieht mir so gerne zu, wenn ich Purzelbäume schlage, die Marie-Hedwig, und wenn Du machen kannst, dass ich die tollsten Überschläge lerne, dann sagt Marie-Hedwig vielleicht: »Nick, du bist der Weltmeister aller Klassen!«, und dann freut sie sich.

So, jetzt hab ich alle Sachen gewünscht für die Leute, die ich gernhab. Vielleicht hab ich auch was vergessen, denn es gibt eine Menge Leute, die ich mag – also den anderen kannst Du auch noch jede Menge Geschenke geben. Für mich, das habe ich schon gesagt, will ich nichts.

Na ja, wenn Du trotzdem noch etwas Geld übrig hast, ich weiß ja nicht, vielleicht willst Du mir doch eine kleine Überraschung machen mit dem Flugzeug aus dem gleichen Schaufenster, in dem das rote Auto steht, das für Papa und Mama. Aber Vorsicht, wenn Du durch den Kamin kommst, nämlich das Flugzeug ist rot lackiert, genau so wie das Auto, und das kann leicht schmutzig werden.

Jedenfalls verspreche ich, so brav zu sein wie möglich, und ich wünsche Dir fröhliche Weihnachten.

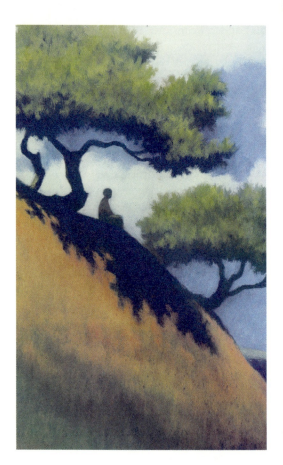

ROLAND TOPOR

Garstig oder
Der schwarze Magier

Zu jener Zeit herrschte das Scheusal Gorgoth im Land Überleben. Dieser Gorgoth war eine Ausgeburt der Hölle. Zusammen mit seiner Frau Murgunde, einer widerwärtigen Hexe, quälte er seine Untertanen mit seiner Tyrannei, die wie ein Nachtmahr auf ihnen lastete.

Überleben war ein weites und schönes Land, aber seine Einwohner hatten angefangen, es zu hassen, und mitunter pöbelten sie sogar die Touristen an, die wegen des überaus angenehmen Klimas weiterhin in Scharen in diese Gegend einfielen. Es war vielleicht nicht das unglücklichste Volk der Erde, denn die Zahl der unglücklichen Völker dieser Erde ist so groß, dass viele die Siegerpalme in diesem Wettstreit für sich beanspruchen könnten, aber es gehörte sicher zu den beklagenswertesten. Um die Steuern zu zahlen, musste man hart arbeiten, und das, was übrig blieb, wenn es überhaupt etwas war, reichte knapp zum Überleben. Je ärmer einer war, desto mehr Steuern zahlte er. Es gab sogar eine

Armutssteuer im Lande Überleben. Man musste für alles zahlen: für das Wasser, die Luft, die Zeit und das Gras, das die Tiere fraßen. Es gab auch alle möglichen merkwürdigen Verbote: Es war untersagt, sich in der Öffentlichkeit zu bücken, ein Liedchen ohne Worte zu trällern oder am Daumen zu lutschen, auch Fragen, die mit »Warum?« oder »Wie?« anfingen, durfte man nicht stellen und so weiter und so fort.

Die Zuwiderhandelnden wurden fürchterlich bestraft. Man trat ihnen auf die Füße, zog sie an der Nase, blies ihnen Zigarrenrauch in die Augen, und vor allem steckte man sie ins Gefängnis. Es gab so viele Häftlinge, dass dann und wann die Strafanstalten wie Abszesse aufplatzten und sich alle diese armen Menschen plötzlich in der freien Luft wiederfanden, ohne dass sie etwas dazu getan hätten. Aber sie hatten nie Zeit zum Davonlaufen, denn sogleich befahl Gorgoth seiner Schwarzen Garde, das Gelände zu umstellen, und kurz darauf bauten seine Architekten ein weiteres Gefängnis, das noch größer, noch sicherer war, und alles ging weiter wie zuvor und wurde immer schlimmer.

Da geschah es, dass Murgunde einen Sohn gebar. Gorgoth nannte ihn Garstig, in der Hoffnung, dass das Kind einmal so böse würde wie er selbst. Er kümmerte sich höchstpersönlich um seine Erziehung, er lehrte ihn von jung an, Vögel zu töten, Schwache zu schlagen, Greise mit Füßen zu treten, kurz, sich als würdiger Spross des satanischen Tyrannen zu verhalten.

Zu ihrem Leidwesen hatten die Eltern keine Freude an dem armen Garstig. Er war ein reizender kleiner Junge, niedlich und zartgliedrig, dessen natürliche Güte Anstoß erregte. Sosehr Gorgoth das Böse liebte, so sehr liebte Garstig das Gute. Er konnte auch nicht das unscheinbarste Lebewesen weinen sehen, ohne Tränen des Mitleidens zu vergießen. Obwohl er erst sieben war, erschien ihm das Joch, das auf seinem Lande lastete, entsetzlich. Bei so viel Gewalttätigkeit weinte er natürlich oft. Diese Tränen erbitterten die beiden Ungeheuer so sehr, dass sie ein Edikt erließen, das alle Überlebenden zwang zu lachen, sobald sie in die Nähe des Palastes kamen. Aber dieses Edikt machte die Sache nicht viel besser, denn es ist sehr schwierig, auf Befehl zu lachen, und beim schaurigen Klang des erzwungenen Gelächters musste Garstig noch heftiger weinen. Wütend über das Scheitern seiner Maßnahmen, beschloss Gorgoth, anders vorzugehen. Er organisierte große Feste, um das Volk zu amüsieren, damit es aus freien Stücken lachte. Er ließ Arenen bauen, um dort öffentlich Tiere nach einem sorgfältig ausgeklügelten, grausamen

Ritus zu schlachten. Es war ein wahrer Triumph. Die Überlebenden waren so sehr an die menschliche Misere gewöhnt, dass sie angesichts der leidenden Tiere geradezu Erleichterung empfanden. Sie schrien: »Olé!«, um ihr Wohlgefallen kundzutun, und als der erste Stier zu Boden fiel, brüllten sie vor Lachen, so komisch fanden sie seinen Todeskampf. Nur dem gutherzigen Garstig wurde das Herz schwer, aber er verzog keine Miene, um keinen Anlass zu weiteren teuflischen Erfindungen zu geben, unter denen dann das Volk zu leiden hätte.

Er weigerte sich einfach, in die Arena zurückzukehren. Er zog es vor, sich in Gesellschaft Davids, seines zahmen Vogels, und der Katzen, die Murgunde ihm geschenkt hatte, damit sie den Vogel töteten, in sein Zimmer einzuschließen. Bislang war es Garstig gelungen, das Blutbad zu vermeiden, aber er wusste wohl, dass es eines Tages einer der Katzen glücken würde, in einem unbewachten Augenblick zuzupacken und ihm seinen einzigen Freund zu rauben. Und wirklich, an einem trüben Frühlingsmorgen hörte Garstig den Ruf des Scherenschleifers auf der Straße. Er rannte ans Fenster, um dem Mann bei der Arbeit zuzusehen. Sobald er den Katzen den Rücken zukehrte, stürzten sie sich auf David. Garstig hörte ein schwaches Piepsen, das ein Lebewohl bedeutete, und als er sich umwandte, hing nur noch eine schwarze Feder an der Leine.

»Scherenschleifer! Scherenschleifer! Ich schärfe die Messer!«, schrie der Mann auf dem Schlossplatz von Neuem, wobei er darauf achtete, zwischen jedem Wort zu lachen, wie es vorgeschrieben war.

In seinem Kummer rief Garstig hinunter: »Mach dich fort, böser Scherenschleifer! Wegen dir ist mein Vogel gestorben, und das bringt dich noch zum Lachen! Mach dich fort! Ich will deine Stimme nicht mehr hören!«

»Da sieh mal einer an! Du weinst um einen toten Vogel«, entgegnete ruhig der Scherenschleifer, ohne mit Lachen aufzuhören, wie das Gesetz es befahl. »Du hast aber Glück. Das beweist, dass du es dir leisten kannst. Mich würde man sofort einsperren. Du musst schon eine wichtige Persönlichkeit sein …«

»Wer ich bin, geht dich nichts an«, entgegnete Garstig voller Zorn. »David ist tot, und ich habe Kummer, genügt das denn nicht?«

Der Scherenschleifer nickte.

»Doch, natürlich. Du bist ein lieber Junge. Es tut mir leid, dass du deinen Freund verloren hast. Um dich von meiner Aufrichtigkeit zu überzeugen, will ich dir eine Gunst erweisen.«

»Ich bin der Sohn eines Tyrannen«, seufzte Garstig, »und du willst mir eine Gunst erweisen? Du machst dich über mich lustig, das ist gemein.«

Der Scherenschleifer lächelte gütig.

»Wer du bist, geht mich nichts an, das hast du selber gesagt. Hör mal, möchtest du an meiner Stelle die Messer am Schleifstein wetzen?«

Das Kind klatschte in die Hände.

»O ja! Schon seit Langem sehe ich dir bei der Arbeit zu. Jedes Mal bewundere ich deine Geschicklichkeit. Immer frage ich mich, ob ich das wohl auch könnte. Wie hast du das erraten?«

»Ich bin eben ein Philosoph. Ich errate, was in deinem Kopf vor sich geht, weil ich weiß, was dein Herz bewegt. Willst du also kommen?«

Garstig rannte die Freitreppe hinunter, an den Wachen vorbei, zum Scherenschleifer. Dieser reichte ihm ein schartiges Messer und sagte: »Dieses Messer gehört mir. Hüte es wie deinen Augapfel! Es ist kein gewöhnliches Messer.«

›Er macht sich immer noch über mich lustig‹, dachte Garstig, denn an dem Messer war wirklich nichts Besonderes. Dennoch machte er sich voller Eifer an die Arbeit.

Kaum stoben die ersten Funken in die Höhe, als eine dichte Rauchsäule vor ihm aufstieg und eine riesenhafte Gestalt vor ihm stand.

»Du schleifst das magische Messer«, brüllte der

Geist mit einer Stimme, dass der Erdboden erzitterte. »Du bist also der Kleinmeister. Rede, und dir wird gehorcht werden.«

Garstig blickte den Scherenschleifer forschend an.

»Sind Sie vielleicht ein Hexenmeister wie mein Vater? Dann kann ich Sie nicht leiden!«

»Ich gleiche deinem Vater nicht. Mein einziges Königreich ist die Philosophie, und ich gebe dir drei Wünsche frei. Goliath wird sie dir erfüllen. Er heißt nämlich Goliath. Ein merkwürdiger Familienname, findest du nicht?«

Der kleine Junge war unschlüssig. Einerseits hasste er das Zauberwesen und fürchtete, dass Gorgoth ihm eine Falle stellte, andererseits fand er es schade, die Kräfte Goliaths nicht zu nutzen, um das Los der Überlebenden zu erleichtern. Keinen Augenblick kam es ihm in den Sinn, einen Vorteil für sich selbst zu erbitten, denn er war überhaupt kein Egoist.

»Ich wünsche mir«, sagte er in gemessenem Ton, »dass alle Einwohner dieses Landes glücklich sind. Alle, ohne Ausnahme.«

»Du bist der Kleinmeister. Dein Wunsch soll erfüllt werden.«

Goliath klatschte in die Hände und verschwand.

Garstigs glücklicher Gesichtsausdruck nötigte dem Scherenschleifer ein ironisches Lächeln ab.

»Du bist der Erste, dem dein Wunsch zugute-kommt«, sagte er. »Aber treten wir doch in dieses Haus, um zu sehen, ob deine Freude berechtigt ist.«

Gemeinsam gingen sie in ein großes Gebäude, das dem Palast gegenüberlag. Wie überrascht aber war Garstig, als er entdeckte, dass er sich in einem Irrenhaus befand. Da waren Wahnsinnige aller Art, junge und alte, in tollen Verrenkungen, die einen waren nackt, die anderen hatten sich verrückten Schmuck umgehängt, wie Hörner und Federn, oder sich gar eine Krone aufgesetzt. Beim Anblick der armen Irren ballte Garstig die Fäuste.

»Scherenschleifer, du hast mich getäuscht, ich hatte mir erbeten, dass sie glücklich, nicht, dass sie wahnsinnig seien!«

»Daran sieht man, dass du kein Philosoph bist«, seufzte jener. »Wie kann man in einem Land ohne Freiheit glücklich sein?«

Garstig verfiel in Nachdenken und musste einsehen, dass der Scherenschleifer nicht unrecht hatte.

»Es bleiben mir noch zwei Wünsche«, sagte er. »Kehren wir also zum Schleifstein zurück!«

Sobald Goliath erschien und die rituellen Worte gesprochen waren, befahl Garstig: »Ich will, dass die Einwohner frei sind, frei wie die Vögel in der Luft.«

»Du bist der Kleinmeister. Dein Wunsch soll er-füllt werden«, bestätigte der Koloss.

Wiederum klatschte er in die Hände, bevor er verschwand.

In diesem Moment knallten Schüsse. Überall in der Stadt wurden Menschen niedergemäht, und im übrigen Land war es sicher nicht besser. Eine rohe Soldateska trieb eilig Männer, Frauen und Kinder zusammen und feuerte sogleich auf sie, ohne eine Miene zu verziehen.

Garstig wollte sich zwischen die Opfer und ihre Henker werfen, aber sein Freund hielt ihn zurück.

»Tu das nicht! Sie würden dich töten, und das Gemetzel ginge bis ans Ende der Zeiten weiter.«

»Aber ich habe doch die Freiheit erbeten«, weinte der kleine Junge, »und nicht dieses Blutbad.«

»Wie kann man in einem Land frei sein, das von einem Tyrannen beherrscht wird? Frei sind nur die Toten. Die haben keinen Herrn mehr über sich.«

»Aber die anderen? Die blutrünstigen Wüstlinge?«

»Sie gehorchen dir. Sie sind deine Diener.«

»Es bleibt mir noch ein Wunsch«, sagte Garstig. »Schnell! Zum Schleifstein!«

Goliath ließ nicht auf sich warten.

»Du schleifst das magische Messer. Du bist also der Kleinmeister. Rede, und dir soll gehorcht werden.«

»Ich will nicht mehr der Kleinmeister sein. Ich

will der Großmeister werden. Ich will der sein, der alles vermag, der alles beherrscht, ohne einen anderen Meister über mir zu haben.«

»Du bist der Großmeister. Dein Wunsch soll erfüllt werden.«

Mit hoffnungsvoll leuchtenden Augen wandte sich Garstig an den Scherenschleifer: »Wir sind uns also einig? Ich entscheide von nun an über alles.«

Der Scherenschleifer schien sich unbehaglich zu fühlen. Er wich seinem Blick aus.

»Warum siehst du mich nicht an?«, fragte Garstig. »Ich habe den Eindruck, du fürchtest dich vor mir. Das brauchst du nicht. Zwar bin ich der Großmeister, aber ich bin gut.«

»Sieh dich an«, erwiderte der Philosoph.

Ohne ein weiteres Wort zu sagen, hielt er ihm einen kleinen Taschenspiegel vors Gesicht. Garstig stieß einen Schrei aus, doch dieser Schrei klang wie das Meckern einer Ziege. Denn Garstig sah nicht mehr wie ein kleiner Junge aus. Er hatte sich in einen Ziegenbock verwandelt. Goliath hatte seinen Wunsch sehr wohl erfüllt. Er war zum Großbock geworden. Zum Teufel in Person!!!

Da kam eine Kohorte von dämonischen Wesen auf ihn zugerannt, um ihn zu begrüßen. Angeführt wurde sie von seinem Vater und seiner Mutter, die ihm außer Atem Glückwünsche zuriefen. Gorgoth rühmte sich, das glorreiche Schicksal seines Sohnes vorhergesehen zu haben. Murgunde weinte vor Stolz.

Auf einen Schlag begriff Garstig, was ihm zu tun übrigblieb. Er spürte eine große Ruhe in sich, die sich jedes Mal dann einstellt, wenn ein Mensch eine wirklich richtige Entscheidung trifft. »Scherenschleifer, ich habe keinen Wunsch mehr frei, nicht wahr?«

»Das ist leider der Fall!«, murmelte der arme Mann. »Meine ganze Philosophie gründete sich auf meinen Schleifstein und auf deine drei Wünsche.«

»Nun, dann schenke mir zum Andenken dieses wunderbare Messer!«

»Mit Freuden. Aber es hat jetzt keine Zauberkraft mehr. Wozu wird es dir dann dienen?«

»Die Mächte der Finsternis zu vernichten. Denn die schwarze Magie muss man mit der blanken Waffe bekämpfen!«

Darauf stieß er das Messer mehrmals in das Herz Gorgoths und dann in das Murgundes. Ein gewaltiges Geheul brach los.

Sogleich zerfielen die teuflischen Gestalten zu Staub. Aus dem Blut, das den Boden tränkte, erhob sich ein Vogel. Es war David, der geliebte Vogel David, der munterer zwitscherte denn je.

Im selben Augenblick nahm Garstig sein natürliches Aussehen wieder an. Auf dem Schlossplatz, der im gleißenden Licht lag, war keine Spur mehr vom Scherenschleifer und seinem Schleifstein zu sehen.

Mit einem Male erschien ein Maskenzug mit Musikanten und Tänzern. Junge Leute, die groteske Larven an langen Stangen trugen, umringten das Kind.

»Seid ihr glücklich?«, fragte er sie der Reihe nach.

Manche antworteten mit Ja, andere mit Nein.

»Seid ihr frei?«

Manche nickten zustimmend, andere schüttelten den Kopf.

»Habt ihr einen Herrn?«

Manche bejahten, andere verneinten.

›Ich glaube, so ist es gut‹, dachte Garstig.

Er blickte auf das Messer in seiner Hand, dann warf er es in den Rinnstein.

»Du hast dein Messer fallen lassen!«, rief ein kleines Mädchen.

»Richtig«, antwortete Garstig und bückte sich, um es aufzuheben. »Vielleicht kann ich es noch einmal gebrauchen.«

Frühlingsgedanken

Nicht wahr, ihr Alle wünscht, wenn einst die Stunde
Gekommen, wo die andern Wünsche enden,
In eurer Lieben Mitte zu entsenden
Den letzten Hauch vom todesblassen Munde?

Verlangt es mich im tiefsten Seelengrunde
Nach solchen Glückes heilig süßen Spenden,
Muß ich mich an den holden Frühling wenden,
Den einz'gen Freund, mit welchem ich im Bunde.

Und weil kein and'rer Gruß die dunkle Gruft
Mit Liebesschimmer sanft mir wird umfärben,
Wenn nicht sein Gruß als Licht und Sang und Duft,
Möcht ich mir dieses milde Loos erwerben:
Zur Zeit der Blühten und der sonn'gen Luft
An schönen Frühling's schönstem Tag zu sterben!

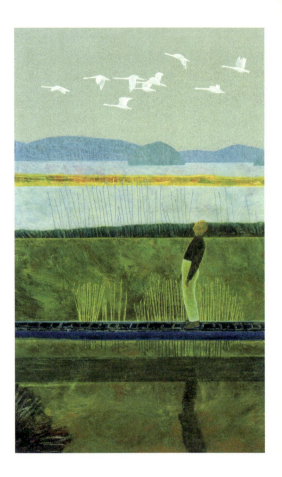

INGRID NOLL

Mein letzter Tag

Mein letzter Tag ist gekommen – das ist keine Tragödie. Seit ich lebe, weiß ich, dass ich sterben muss. Ich hatte ein reiches Leben, also ist es in Ordnung, wenn es zu Ende geht. Jetzt habe ich sogar die Chance, meinen letzten Tag zu gestalten, statt völlig unvorbereitet abzutreten.

Ich bin sehr praktisch veranlagt. Das Testament ist unterschrieben, alle Unterlagen für meinen Tod liegen bereit. In meinem Alter möchte ich keinen Stress. Früher hätte ich mir mehr Abenteuer gewünscht. Lautlos mit einem Ballon über einen Wald zu fahren oder in die Mongolei zu reisen. Nun möchte ich den letzten Tag zu Hause in Weinheim verleben.

Es ist ein schöner Sommertag bei angenehmen Temperaturen. Ich wache wie immer früh auf und lasse mich ausnahmsweise bedienen. Während ich ein anständiges Frühstück einnehme, lese ich gewöhnlich die Zeitung. Doch was heute drinsteht, geht mich nichts mehr an. Ich beobachte die Tiere im Garten. Wenn ich zuschaue, wie eine Amsel herumhopst und ihr Junges ihr nachrennt, bettelt und gefüttert wird, erfüllt das mein Herz mit Freude. Es ist mir wichtig, schöne Bilder einzusaugen. Das kann ein Tautropfen auf einem Blatt sein. Dabei denke ich an mein Lieblingsgedicht »Abendlied« von Gottfried Keller: »Trinkt, o Augen, was die Wimper hält, / Von dem goldnen Überfluss der Welt!« Es könnte auf meinem Grabstein stehen.

Ich bin evangelisch getauft, doch schon lange aus der Kirche ausgetreten. Als Kind fand ich die Vorstellung von einem allmächtigen Gott sehr beruhigend. Doch als mir mit neun Jahren meine Puppe aus dem Garten geklaut wurde und Gott sie mir nicht zurückbrachte, wurde ich misstrauisch.

Ich glaube nicht an ein Leben nach dem Tod. Vielleicht wäre es ein Trost. Man könnte hoffen, dass man seine Lieben wiedertrifft. Das würde aber auch peinlich werden, zum Beispiel für jene Witwen, die mehrmals verheiratet waren.

Ich möchte auf keinen Fall verzagen, sondern einen schönen Tag mit der Familie erleben. Unser vermooster Rasen soll in einen potemkinschen Garten verwandelt werden. Lilien und Rosen blühen, es wird musiziert, gelesen, es gibt ein Wasserbecken. Er sieht bezaubernd aus wie ein Paradiesgärtlein der alten Meister, das die Geborgenheit eines Hortus conclusus ausstrahlt. Für meine Enkelkinder soll ein Streichelzoo hergerichtet werden, weil ich ihnen beim Spielen mit übermütigen Jungtieren gern zuschaue.

Auf einer großen Tafel sind mediterrane Speisen angerichtet. Noch einmal möchte ich frischen Hummer essen und einen guten Wein trinken. Ich bin in China aufgewachsen und habe antike Cloisonné-Döschen gesammelt. Die werde ich an meine Liebsten verteilen. Ich höre Schuberts »Winterreise« und »Die schöne Müllerin«. Auch Édith Piafs »Non, je ne regrette rien« oder ein Madrigal aus der Renaissance wären mir lieb.

Nun wird es Zeit. Ich ruhe im Liegestuhl im Garten. Über mir sehe ich die Zweige des Kirschbaums, ein Vogel zwitschert, und die Enkelkinder spielen mit ihren Tieren. Ich höre Bach-Kantaten und schließe meine Augen für immer: »Schlummert ein, ihr matten Augen, / Fallet sanft und selig zu!«

Idioten

Als die Fee zu Max kam, saß er an einem warmen Frühlingsabend in Berlin vor ›Ricos Sporteck‹, trank Bier und dachte: Das Problem mit Idioten ist, dass sie zu idiotisch sind, um ihre Idiotie einzusehen. In einer Stunde traf er Ronni zum Essen, und wenn nicht er Ronni endlich die Meinung sagte, wer dann? Die Meinung im Haus war einhellig: Ronni benahm sich gegenüber den meisten Angestellten nicht nur wie der letzte Arsch, er würde sie, wenn er die Agentur so weiterführte wie in den letzten Monaten, auch alle um ihren Job bringen. Erst heute Morgen hatte er sich wieder zwei Dinger geleistet: Erst strich er Nina die schon gebuchten und bezahlten Ferien mit ihrem neuen Freund, weil er sie angeblich bei einer Kampagne nun doch unbedingt dabeihaben wollte, und ließ ihr als Alternative nur die Kündigung; danach schickte er der Presse die Meldung, die Werbeagentur *Good Reasons* habe den weltbekannten Fotografen Eliot Barnes als ständigen Mitarbeiter gewonnen, obwohl mit Barnes bisher nur ein paar unverbindliche Gespräche geführt worden waren. Es dauerte keine drei Stunden, bis Barnes' Agentin anrief und jede Zusammenarbeit bis auf Weiteres ausschloss. Max, der in solchen Fällen von Ronni als Feuerwehrmann losgeschickt wurde, hatte den ganzen Nachmittag mit verschiedenen Mitarbeitern von Barnes, Barnes' Agentin und schließlich mit Barnes selber telefoniert, um immer wieder zu erklären, dass ein Hospitant und begeisterter Fan von Barnes' Fotos die Meldung in offenbar leicht irrsinnigem Wunschdenken auf eigene Faust verfasst habe. Bis auf Barnes, dem ein begeisterter Fan seiner Arbeiten ein einleuchtender Grund für so ziemlich alles zu sein schien, ließ jeder durchblicken, dass erstens die Hospitantengeschichte nicht besonders glaubhaft wirke und zweitens anscheinend etwas dran sei an den Gerüchten, dass *Good Reasons* seit dem Börsengang immer wieder Halbwahrheiten über Großaufträge und Vertragsabschlüsse in der Öffentlichkeit lanciere, um die Aktionäre bei Laune zu halten.

Max schüttelte den Kopf. Eine grandiose Aktion! Wie konnte Ronni nur glauben, mit so einem Blödsinn durchzukommen?

Als Ronni *Good Reasons* mit Max als erstem Angestellten und damals noch mehr oder weniger gleichberechtigtem Partner vor acht Jahren gegründet hatte, war ihre Idee gewesen, ausschließlich für Produkte und Organisationen zu werben, die ihrer Meinung nach der Welt und der Menschheit guttaten: *Amnesty International, Brot für die Welt, Greenpeace,* Kaffee direkt aus den Erzeugerländern, Bioprodukte, Antirassismuskampagnen, Non-profit-Unternehmen. Doch trotz einer Menge Eigenwerbung mit Zeitungsanzeigen und gezielt verschickten Broschüren interessierten sich zunächst weder *Greenpeace* noch die Kaffeeländer noch sonst wer einigermaßen Klangvolles oder Finanzkräftiges für die Agentur, sondern nur ein paar Brandenburger Apfelbauern und ein Holland-Fahrrad-Reparaturbetrieb in Kreuzberg. Nach einem Jahr, in dem sie, weil ihre Auftraggeber sich zu nichts anderem überreden ließen, wenig mehr gemacht hatten, als, wie Ronni es ausdrückte, »beknackte Sonnenaufgänge mit Kiffertexten möglichst handverschmiert auf eine Art DIN-A4-Toilettenpapier zu drucken«, beschlossen sie, vorübergehend auch für Firmen zu arbeiten, deren Inhalte der Welt möglicherweise nicht ganz so guttaten. Erst ein Schmuckgeschäft am Kudamm, dann ein paar Modeboutiquen und schließlich eine Internet-Firma, die Möbel aus exotischen Hölzern vertrieb. Wegen der Firma gab es anfänglich Diskussionen, schließlich ließ sich die Philosophie von *Good Reasons* nur schlecht mit der Assoziation von abgeholzten Regenwäldern verbinden. Aber die Agentur stand kurz vor der Pleite, und die Möbelfirma plante eine deutschlandweite Kampagne.

So kam eins zum anderen. Die Kampagne für die Möbelfirma wurde ein großer Erfolg, andere Firmen beauftragten *Good Reasons*, Werbung für Joghurt, Sekt, Mobiltelefone, Herrenanzüge zu machen, und als sich ein Jahr darauf ein Automobilkonzern meldete, von dem bekannt war, dass er den Großteil seines Geldes mit Panzern verdiente, dauerte das leicht betretene Innehalten kaum einen Nachmittag, bis die Champagnerkorken knallten. Vier Jahre später gehörte *Good Reasons* zu den drei bis fünf mächtigsten und umsatzstärksten Werbeagenturen Deutschlands. Da war Ronni schon lange unumstrittener Chef und Max nur noch seine willfährige rechte Hand. Darum blieben seine Versuche, Ronni den Börsengang auszureden, auch nur bescheiden.

»Mann, Max, wir arbeiten uns hier seit Jahren dumm und dämlich, und was springt dabei raus? Hast du 'ne Villa am See? Hab ich 'ne Villa am See? Es läuft zur Zeit besser denn je, und wir haben die einmalige Chance, ordentlich abzusahnen.«

»Und wenn's nicht mehr so gut läuft?«

»Ach du! Wenn's nach dir gegangen wäre, würden wir immer noch für irgendwelche Hippies faule Äpfel bewerben. Die Welt wartet auf uns, so musst du das sehen.«

»Ich seh nur, dass uns im Moment ein paar Firmen ziemlich gut mit Aufträgen versorgen.«

»Und was glaubst du, was die machen werden, wenn wir an der Börse sind? Sie werden *Good-Reasons*-Aktien haben und uns doppelt so gut mit Aufträgen versorgen.«

»Vielleicht.«

»Oh, Max! Max, Max, Max – kleiner Max. Wenn du mich nicht hättest!«

»Hmhm. Übrigens: Falls du dich erinnerst, es gibt da immer noch das alte *Good-Reasons*-Gründungspapier. Ich nehme nicht an, dass du die Agentur beim Einstieg an der Börse damit vorstellen willst.«

»Ach das. Wegschmeißen.«

»Es wäre aber vielleicht nicht ganz dumm, irgendeine Erklärung zu haben, wie es zu dem Namen kam. Fürs Image.«

»*Good Reasons*? Dafür brauch ich doch keine Erklärung. Und spätestens wenn sie wegen unserem Aktienkurs diese komische Tafel da höher machen müssen …«, Ronni grinste so breit, dass Max seine Backenzähne sehen konnte, »… erklärt sich das mit den guten Gründen ja wohl von allein.«

Vor einem Jahr war es dann so weit: *Good Reasons* ging an die Börse. Der Kurs kletterte in den ersten Monaten, hielt sich anschließend eine Weile auf gutem Niveau und stürzte während der Krise des neuen Markts ab. Inzwischen war die Aktie nur noch ein Fünftel der Erstnotierung wert. Und statt dass Ronni mit seinem großspurigen, Optimismus verbreitenden Macher-Charme wie früher neue Kunden mit allerhand Luftschlössern und phantastischen Visionen für eine Zusammenarbeit gewinnen konnte, musste er sich nun von jedem Werbe-Etatverwalter anhören, dass der *Good-Reasons*-Kurs im Keller war und seine Visionen offenbar wenig taugten.

Max trank das Bier aus, drehte sich im Stuhl um und winkte ins ›Sporteck‹ hinein, um ein weiteres zu bestellen. In dem Moment kam Sophie um die Hausecke. Ihre Blicke trafen sich, und Sophie verlangsamte ihre Schritte, als wollte sie am liebsten kehrtmachen. Dann nahm sie ihr Tempo wieder auf, kam an Max' Tisch und sagte freundlich: »Na, Max, Feierabend?«

»Leider nur 'ne Pause. Ich treff mich gleich mit Ronni.«

»Ach so.«

Wie immer wirkte Sophies Miene auf Max undurchdringlich.

»Hast du schon gehört, was er heute Morgen mit Nina gemacht hat?«, fragte sie.

»Ja, klar. Eine Schweinerei.«

»Findest du?«

»Natürlich finde ich das. Auch wenn … Na ja, er macht sich halt Sorgen um die Firma, und Nina ist in ihrem Job nun mal absolute Spitze.«

»Und dann will er sie feuern, wenn sie ihre vor zwei Monaten angemeldeten Ferien antritt?«

»Ach, du weißt doch, wie Ronni manchmal ist. Ob er sie wirklich feuern würde …«

»Eben, ich weiß, wie Ronni manchmal ist, und darum habe ich Nina auch geraten, die Ferien abzublasen, wenn sie ihre Arbeit behalten will.«

Max wiegte den Kopf ein bisschen hin und her, sah vor sich auf den Tisch und sagte ernst: »Also, ich finde, da übertreibst du. Man kann mit Ronni über alles reden.«

»So? Dann red doch mal mit ihm darüber.«

Am liebsten hätte Max erwidert, genau das habe er heute Abend vor, und zwar in aller Deutlichkeit. Aber vielleicht würde Sophie ihn dann morgen fragen, was denn bei dem Gespräch herausgekommen sei, und womöglich würde nichts herausgekommen sein, und gegenüber Sophie fühlte er sich sowieso immer irgendwie schwächlich.

»Ich werde morgen zuerst mit Nina reden. Vielleicht lässt sich der Urlaub ja um ein paar Wochen verschieben. Die dadurch anfallenden Mehrkosten würde natürlich die Agentur übernehmen.«

»Natürlich.«

»Na, komm. Das haben wir doch schon mal gemacht, letztes Jahr mit Roger.«

»So weit ich weiß, hast du Roger das Geld aus eigener Tasche bezahlt.«

Max öffnete den Mund und schaute einen Moment lang so drein, wie er es ausgerechnet vor Sophie am allerwenigsten wollte, absolut schwächlich nämlich. Dabei brannte ihm die Frage im Kopf, wie sie das erfahren haben konnte.

»Aber nur vorgestreckt. Bei der Spesenabrechnung hab ich mir das Geld natürlich zurückgeholt.«

»Natürlich.«

»Ja, was dachtest du denn?«

»Ich dachte, Ronni wäre bei der Wahrheit geblieben, als er sich auf der Weihnachtsfeier gegen Ende völlig besoffen über dich lustig gemacht hat: Um das Betriebsklima müsse er sich einen Scheißdreck scheren, darum kümmere sich schon der kleine Max; der würde sogar sein Gehalt irgendwelchen drittklassigen Angestellten hinterherwerfen, nur damit die schön surfen gehen und *Good Reasons* nicht böse sein können.«

Max biss die Zähne zusammen, schob die Lippen

vor und bekam einen ebenso beleidigten wie wilden Blick.

»Das ist nicht wahr.«

»Was? Dass Ronni so redet oder dass du das Geld aus eigener Tasche bezahlt hast?«

»Ich hab's mir zurückgeholt.«

»Na, vielleicht wusste er das nicht.«

»Nach der Weihnachtsfeier.«

»Ach so. Dann bist du in einer Position, in der du Spesen auch noch ein Jahr später geltend machen kannst.«

»Ganz genau. Außerdem kennen Ronni und ich uns schon so lange und so gut, dass wir beide uns immer wieder über den anderen lustig machen können, ohne dass einer von uns damit Probleme hätte.«

»Hmhm. Vor allem du machst dich ja gerne lustig über Ronni.«

»Ich glaube nicht, dass du mich privat oft genug erlebt hast, um das beurteilen zu können.«

»Nein. Leider nicht.«

Plötzlich fiel Max nichts mehr zu sagen ein, und Sophie blieb einfach stehen. Er wollte nach seinem Bierglas greifen, merkte aber noch rechtzeitig, dass es leer war.

»Na gut«, sagte Sophie endlich, »ich wünsch dir noch einen schönen Abend.«

»Ich dir auch«, erwiderte Max. »Bis morgen.«

Nachdem Sophie hinter einer Reihe parkender Autos verschwunden war, brauchte Max ein ganze Weile, um sich zu der Überzeugung durchzuringen, dass ihr Gespräch nichts weiter gewesen sei als ein ironisches Geplänkel zwischen zwei eigensinnigen Charakteren. Dann winkte er wieder in die Kneipe hinein.

Er winkte immer noch, als er aus den Augenwinkeln eine Bewegung wahrnahm. Er wandte den Kopf, und vor ihm schwebte die Fee.

»Guten Abend«, wünschte die Fee.

»Guten Abend«, erwiderte Max, ließ den Arm als Zeichen für den Wirt in die Höhe gestreckt und erwartete, nach einem Weg oder einer Zigarette gefragt zu werden. Zwar bemerkte er, dass die Gestalt vor ihm irgendwie durchsichtig wirkte und ihre nackten Füße den Boden nicht berührten, aber das führte er auf die Machart des himmelblau schillernden Kleids und den Effekt raffiniert gemachter Sandalen zurück. Vielleicht arbeitete sie in der Modebranche, nicht weit vom ›Sporteck‹ gab es ein paar kleine Ateliers.

»Ich bin eine Fee und gekommen, Ihnen einen Wunsch zu erfüllen.«

Max hatte sich erneut zur Tür umgesehen in der Hoffnung, dem Kellner, der seinen gestreckten Arm offenbar nicht bemerkte, mit einem durstigen Blick begegnen zu können. Dabei drangen die Worte der Fee nur langsam zu ihm vor.

»Bitte?«

»Eine Fee«, wiederholte die Fee, »und ich bin gekommen, Ihnen einen Wunsch zu erfüllen.«

Max schaute erst irritiert, dann ließ er den Arm sinken und runzelte missbilligend die Stirn. Sollte das ein Scherz sein? Vielleicht ein Reklameding? Die gute Fee von Schultheiss oder Marlboro, die allein herumsitzenden Männern einen Wunsch versprach, wahlweise ein Mountainbike oder eine Messerkollektion, wenn sie dafür ein Jahr lang jede Woche eine Stange Zigaretten oder zwei Kästen Bier orderten? Oder einer dieser Fernsehgags? Aber wo waren die Kameras? Oder einfach nur eine Verrückte?

»Hören Sie, wenn das irgendein Spiel ist …«

»Nein. Ich bin eine echte Fee, und Sie haben wirklich einen Wunsch frei. Folgende Bereiche sind allerdings ausgeschlossen: Unsterblichkeit, Gesundheit, Geld, Liebe«, ratterte die Fee ihren Text herunter. Es war ihr zehnter Termin an diesem Tag und vielleicht ihr tausendster, seit der Chef sie vom Sternschnuppendienst in den Kreis der Feen befördert hatte. Sie kannte alle Formen des Staunens und Nachfragens, wenn auch in abgemilderter Form. Denn damit den Feen genug Zeit zum

Wünsche-Erfüllen blieb und sie ihre Fähigkeiten und Eigenarten nicht jedes Mal ausführlich erklären mussten, war etwas in ihrer Aura, das die Beglückten auf so was wie Überraschung, Schrecken, Fragen oder Zweifel nur in verhältnismäßig geringem Maße kommen ließ. Ab dem Augenblick ihres Erscheinens war der Besuch einer Fee für die meisten fast so normal wie ein Termin beim Automechaniker oder Steuerberater. Deren fachliche Ausführungen verstand auch kaum einer so genau, und manche der Methoden, einen Wagen durch den TÜV zu kriegen oder einen Gewinn an der Steuer vorbeizuleiten, grenzten für Außenstehende an Zauberei. Doch die wenigsten bestanden darauf, einen Vorgang zu begreifen, der offensichtlich zu ihrem Vorteil war.

Max verharrte einen Moment, horchte den Worten der Fee hinterher, versuchte, sich ihre Bedeutung bewusst zu machen, schüttelte den Kopf, sah sich kurz um, ob die Welt um ihn herum noch dieselbe war, und beugte sich dann über den Tisch. »Sie schweben tatsächlich, was?«

»Ja, wir alle.«

»Sie alle? Gibt's mehrere Feen?«

»Ach, unzählige. Trotzdem kommen wir unseren Terminen kaum nach. Es wird einfach zu viel gewünscht.«

Max nickte zögernd, lehnte sich wieder zurück und griff blind nach seiner Schachtel Zigaretten. »Sie meinen, überall da, wo Leute sich was wünschen, müssen Sie hin?«

»Eigentlich schon. Aber wie gesagt: Wir kommen kaum nach und nicht selten zu spät.«

Ohne die Fee aus den Augen zu lassen, zündete sich Max eine Zigarette an. Durch das schmale, unscheinbare, ein wenig erschöpft wirkende Gesicht der Fee konnte er die gegenüberliegende Hausfassade und ein Apothekenschild sehen. Max spürte, wie sein Mund trocken wurde. Normalerweise war er keiner, der sich von irgendwelchem Hokuspokus beeindrucken ließ. Zwar ging er handlesenden Zigeunerinnen lieber aus dem Weg, hatte in Russland gelernt, nicht mit alkoholfreien Getränken anzustoßen, und klopfte bei Gedanken über Tod und Krankheit manchmal auf Holz. Aber er glaubte an keinen Gott außer an seinen eigenen und war überzeugt, dass sich alles auf der Welt logisch erklären ließ, wenn man nur lange genug forschte und nachdachte. Die Würfel fielen, wie man sie warf – Schluss. (Und er ahnte, dass er seine Würfel nicht immer besonders geschickt warf.)

Doch das hier war offenbar etwas ganz anderes. Er hatte bis eben nur ein Glas Bier getrunken, und wenn er mit dem Knie an das Tischbein stieß, konnte er es spüren. Trotzdem schwebte vor ihm eine durchsichtige Gestalt und schenkte ihm einen Wunsch. Und er hielt das für wahr.

»Was hab ich mir denn gewünscht?«

»Tut mir leid. Ich kriege so viele Wünsche auf den Tisch, da kann ich mich an einzelne nur selten erinnern.«

»Aber ich wünsche mir wahrscheinlich jeden Tag irgendwas.«

»Das ist egal. Einer Ihrer Wünsche war Anlass für mich, zu Ihnen zu kommen. Jetzt können Sie sich – innerhalb der Regeln natürlich – wünschen, was Sie wollen.«

»Aha.« Was ich will, dachte Max und schaute ratlos. »Was war noch mal ausgeschlossen?«

»Unsterblichkeit, Gesundheit, Geld, Liebe.«

Max zog an der Zigarette und bewegte nachdenklich den Kopf. Zu Liebe wäre ihm sofort was eingefallen. Mit Rosalie aus der Zahnpastareklame zum Beispiel traf er sich seit zwei Monaten regelmäßig zum Badminton, ohne weiter als bis zu flüchtigen Wangenküsschen gekommen zu sein. Er hatte sich schon gefragt, ob sie vielleicht lesbisch sei. Ganz zu schweigen von der großen, tiefen, dauernden Liebe, nach der er sich sehnte wie jeder andere und die mit den Jahren und Erfahrungen in immer weitere Ferne zu rücken schien. Auch Geldwünsche wären schnell formuliert gewesen. Zwar verdiente er nicht schlecht, hatte aber in Treue zu Ronni sämtliche Ersparnisse in *Good-Reasons*-Aktien angelegt. Mehr denn je in den letzten sechs Jahren lag eine Villa am See, die Ronni ihm als Ergebnis des Börsengangs prophezeit hatte, außerhalb seiner Möglichkeiten. (Dabei machte er sich darüber, dass für Ronni eine Villa – und zwar eine zwölfzimmerige mit kleinem Park und Bootssteg – vier Monate nach dem Börsengang erwiesenermaßen innerhalb seiner Möglichkeiten gelegen hatte, lieber nicht so viele Gedanken.) Und Gesundheit, Unsterblichkeit? Max war Mitte dreißig, und trotz Zigaretten und Alkohol versicherte ihm der Arzt alle paar Jahre, er sei bei bester Gesundheit. Natürlich, seit seinem dreißigsten Geburtstag kam er schon mal ins Zählen. Wenn's schlecht lief, war die Hälfte rum. Und Max mochte das Leben. Gegen ein paar Jahre mehr hätte er nichts einzuwenden gehabt. Aber was wären die schon wert, wenn die Gesundheit nicht mitspielte? Wenn er sich jetzt wünschte, hundert zu werden, und ab siebzig läge er im Bett? Künstlich ernährt oder so was?

Max schnippte die aufgerauchte Zigarette weg und sah wieder zur Fee, die angefangen hatte, ein wenig unruhig auf der Stelle hin und her zu schweben. »Was wünschen sich denn andere so?«

»Ach, alles Mögliche. Manche Leute möchten ein paar Wochen Ferien, andere eine Geschirrspülmaschine.«

»Eine Geschirrspülmaschine …?« Max schaute entgeistert. »Das meinen Sie doch nicht ernst?«

»Aber ja. Geschirrspülmaschine rangiert ganz oben. Dritter oder vierter Platz.«

»Was steht denn auf dem ersten?«

»Berühmt sein.«

»Ach … Und wie erfüllen Sie das jedes Mal, wenn sich das so viele wünschen?«

»Raten Sie mal.«

»Keine Ahnung.«

»Talk-Shows.« Max meinte, ein kaltes Lächeln über die Lippen der Fee huschen zu sehen. »Tatsächlich liegt es an uns, dass das Fernsehen heutzutage voll davon ist. Draufgekommen ist unser Chef.«

»Heißt das, Ihr Chef entscheidet, in welcher Form ein Wunsch erfüllt wird?«

»Wenn er nicht klar definiert ist. Gerade beim Berühmt-sein-Wollen kommt das ziemlich oft vor. Auf die Fragen Womit oder Wozu fällt den meisten kaum was ein, aber auf dem Wunsch beharren sie. Und dann ist der Chef dran.«

»Talk-Show ist keine sehr charmante Idee.«

»Aber praktisch, und auf jeden Fall charmanter, als alle vom Hochhaus springen zu lassen.«

»Ja, so gesehen … Aber fällt Berühmtsein nicht eigentlich in den Bereich Unsterblichkeit? Und Geschirrspülmaschine in den Bereich Geld?«

»Tja nun. Wenn man lange genug drüber nachdenkt, fällt wahrscheinlich jeder Wunsch in einen der Bereiche.«

»Darüber, dass eine Geschirrspülmaschine Geld kostet, hat man aber ziemlich schnell nachgedacht.«

Die Fee seufzte. »Hören Sie, ich habe die Regeln nicht gemacht. Ich nehme Wünsche entgegen und erkläre den Leuten, was geht und was nicht. Geschirrspülmaschine geht, tausend Mark geht nicht. Wenn Sie wissen wollen, warum das so ist, müssten Sie sich an den Chef wenden.«

»Kann man das denn?«

»In bestimmten Fällen empfängt er schon mal. Bei Wünschen, die wirklich große Ereignisse betreffen: Revolutionen, Kriege, Hungerkatastrophen, Impfmittel, Erfindungen.«

Hungerkatastrophen, Impfmittel … Max erinnerte sich, wie er mit Ronni vor acht Jahren nächtelang eine Spendenkampagne für Krisengebiete entworfen hatte. Und zwar ohne die üblichen Fotos von sterbenden Kindern und ausgetrockneten Flüssen, sondern mit Schnappschüssen von Berliner Prominenten, wie sie sich in teuren Restaurants vollfraßen und -soffen. Der Zeitungsherausgeber, dem ein Stück Schnitzel aus dem fetten Gesicht hing, darunter die Zeile: *Wenn Sie sein Blatt eine Woche lang nicht kaufen, wird er nicht verhungern – und in Äthiopien können Sie mit dem gesparten Geld ein Menschenleben retten.* Oder der Theaterintendant, der mit dem Kultursenator Arm in Arm über einer Reihe leerer Champagnerflaschen saß: *Auch ohne Ihr Eintrittsgeld sind seine nächsten zehn Flops gesichert – sichern Sie mit fünfzig Mark das Überleben einer Familie.*

Aber die Organisationen, denen sie die Kampagne anboten, fanden sie zu aggressiv. Wäre die Fee damals zu mir gekommen, dachte Max, hätte ich mir wünschen können, dass die Kampagne gekauft und ein Erfolg wird. Aber heute …

Dass es möglich war, sich etwas zu Hungerkatastrophen zu wünschen, verwirrte Max. Als hätte ihn jemand an seine Jugendideale erinnert, und ein Gefühl der Scham stieg in ihm auf. Fiele ihm heute für Hungernde überhaupt noch ein Wunsch ein? Er wusste ja nicht mal mehr, wo die genau waren. Immer noch in Äthiopien? Oder konnte er einfach sagen, niemand solle mehr hungern? Aber das war ja albern. Das hatte doch wohl irgendein anderer schon lange vor ihm versucht. Und offenbar funktionierte es nicht. Wahrscheinlich fiel es in den Bereich Gesundheit. Oder Geld.

Während Max so überlegte, wurde das Gefühl der Scham immer stärker. Als wüsste er, dass seine Überlegungen nur dazu dienten, am Schluss, wenn er voraussichtlich einen doch eher privaten Wunsch äußerte, vor sich selber nicht als allzu selbstsüchtig dazustehen. Denn den Hunger in der Welt zu bedenken hieß ja irgendwie fast schon, etwas gegen ihn zu unternehmen. Schließlich war der erste Schritt zur Problemlösung die Problemwahrnehmung. Und wie viele Leute übersahen Hungersnöte ganz einfach? Da war er moralisch klar im Vorteil. Trotzdem: So ganz überlisten konnte er sich damit nicht.

Doch dann hatte er plötzlich eine Idee: Wenn er Ronni vorschlüge, mit dem alten *Good-Reasons*-Zeug wieder anzufangen? Als Nebenschiene und *non profit*? Wäre das keine fantastische Reklame? Er konnte die Überschriften im Wirtschaftsteil der Zeitungen vor sich sehen: *Werbeagenturriese macht unentgeltlich Kampagne für Brot für die Welt.* Oder: *Good Reasons mit guten, ehrenvollen Gründen voran.* Würde das den Aktienkurs nicht sofort hochschießen lassen?

Max stellte sich noch Ronnis anerkennendes Grinsen und die dankbaren Gesichter der Brot-für-die-Welt-Chefs vor, als die Fee mit einem kleinen Räuspern sagte: »Entschuldigen Sie, aber ich habe noch eine Reihe weiterer Termine heute, und so langsam …«

Max setzte sich auf. »Ja, klar«, und langte nach den Zigaretten. »Wie steht's mit einer Villa am See?«

Die Fee schaute einen Augenblick überrascht. Vielleicht hatte sie nach der langen Bedenkzeit mit etwas Ausgefalleneren gerechnet. Dann schüttelte sie den Kopf. »Zu teuer.«

»Aber doch kein Geld. Ich meine, wie mit der Geschirrspülmaschine.« Max kam ins Stammeln. Eben noch hatte alles ziemlich perfekt ausgesehen: Er rettete die Firma und auch ein bisschen die Welt und konnte sich darum ohne schlechtes Gewissen das wünschen, was er wirklich wollte und was ihm, wie er meinte, auch zustand.

»Da besteht ja wohl ein Kostenunterschied. Wir haben, was Sachwünsche angeht, einen gewissen Spielraum. Villa am See ist weit außerhalb dieses Spielraums.«

Erst zeichnete sich in Max' Gesicht Enttäuschung ab, dann Ärger. Er hatte den überraschten Blick der Fee bemerkt und sah sich einen Moment lang mit ihren Augen. Eine Villa am See! Primitiver ging's ja wohl nicht! Hastig erklärte er und tat dabei leicht belustigt: »Ich wollte eigentlich nur wissen, was möglich ist und was nicht. Das war kein wirklich ernst gemeinter Wunsch.«

»Schön«, sagte die Fee, »dann kommen Sie jetzt doch bitte zu den ernst gemeinten.«

»Okay.« Max wollte die Zigarette, die er seit ein paar Minuten in den Fingern hielt, zwischen die Lippen stecken, als er bemerkte, dass der Tabak aus dem feuchten, aufgeplatzten Papier bröselte. Während er die Zigarette wegwarf, die Brösel von der verschwitzten Hand wischte und pickte und sich anschließend eine neue nahm, meinte er den alles genau verfolgenden Blick der Fee zu spüren, und statt sich einen Wunsch zu überlegen, dachte er nur daran, was sie wohl von ihm hielt.

»Machen Sie es sich nicht so schwer«, sagte die Fee, als sie sah, wie Max' Hand leicht zitterte, während er sich mit einem Streichholz Feuer gab. »Den großen, einzigen, vollkommenen Wunsch gibt es nicht.«

Max sah dankbar zu ihr auf. »Trotzdem sucht man nach ihm, nicht wahr? Und als Sie eben Revolutionen und Hungerkatastrophen erwähnt haben, da sah es auf einmal so aus, als hätte ich es in der Hand, die Welt zu verändern.«

Die Fee schüttelte den Kopf. »Das haben Sie nicht. Niemand hat das. Wenn Sie wüssten, wo und wann, könnten Sie einen Regen bestellen. Oder neulich wollte jemand Fleisch für Nordkorea, und der Chef ist dann auf die Idee mit der BSE-Krise gekommen und dass die Europäer ihre kranken Rinder rüberschicken.«

»Aber das ist doch …« Max hielt sich gerade noch zurück, ein allzu empörtes Gesicht zu ziehen. Kurz nach seinem Villawunsch wollte er sich moralisch nicht aufspielen – und trotzdem.

»Ja?«

»Na ja, ich meine, schön ist das nicht.«

»Niemand hat behauptet, dass unsere Wunscherfüllungen immer schön sind. Aber ich kann Ihnen versichern, das Fleisch hat Hunger gestillt, und darum ging's ja wohl. Wenn Sie jetzt bitte endlich zu Ihrem Wunsch kommen könnten.«

Max zögerte, als läge ihm noch etwas auf der Zunge, doch dann sagte er nur: »Klar, sofort«, und versuchte, sich zu konzentrieren. Aber Max war kein Prüfungstyp. »Denken Sie an alltägliche, naheliegende Sachen. Das ist in der Regel viel vernünftiger und befriedigender. Erst gestern hat sich jemand gewünscht, beim Ziehen der Weisheitszähne keine Schmerzen zu spüren, und ich kann Ihnen versichern, als ich am Nachmittag kurz vorbeigeflogen bin, um zu gucken, ob alles klappt, habe ich einen meiner glücklichsten Kunden der letzten Wochen erlebt.«

Max nickte abwesend. Sein Kopf schien von Sekunde zu Sekunde leerer zu werden, nur im Hintergrund hämmerte es: ein Wunsch, ein Wunsch! Einen Moment lang hatte er allen Ernstes überlegt, ob es vielleicht das Beste wäre, sich zehn Kästen Bier auf den Balkon stellen zu lassen. Und dann sogar: Warum eigentlich nicht, er würde sich nie eine kaufen, aber geschenkt, und so eine Geschirrspülmaschine war ja nicht unpraktisch … Und jetzt Zahnarzt. Aber er musste nicht zum Zahnarzt und hatte in der Regel auch keine Angst davor. Allerdings vor anderen Terminen. Da gab's manche, denen er das Ziehen von Weisheitszähnen vorgezogen hätte, zum Beispiel …In Gedanken bei der noch zu erledigenden Kundenliste beobachtete die Fee erleichtert, wie Max aufhörte, die Stirn in Falten zu drücken. Bald darauf hob er den Kopf und fragte mit einem kleinen, fast frechen Leuchten in den Augen: »Und wenn ich mir wünsche, ein Idiot sei nicht mehr zu idiotisch, um seine Idiotie einzusehen?«

Wieder schaute die Fee überrascht, diesmal aber eher angenehm. Sie war sich ziemlich sicher gewesen, dass einer wie Max am Ende auch wieder nur die teuerstmögliche Sache zum Anfassen wählen würde. Es gab Kunden, die fragten einfach danach: Was ist das Teuerste? Und das war nun mal die Geschirrspülmaschine.

»Eigentlich dürfte das kein Problem sein. Wenn Sie das noch etwas genauer erklären könnten?«

»Ich muss gleich mit meinem Geschäftspartner – also, er ist mein Chef, aber auch mein Freund –, jedenfalls muss ich mit ihm über einiges reden, was in der Firma wegen ihm falschläuft und was er einfach nicht verstehen will – oder eben nicht kann.«

Die Fee nickte. »Bedenken Sie aber, dass Sie sich an meinen Besuch nicht erinnern werden. Sie sollten sich also einigermaßen sicher sein, dass Sie die Probleme mit Ihrem Geschäftspartner auf jeden Fall ansprechen.«

»Ich vergesse das hier alles?«

»Was glauben Sie, warum Sie noch nie von uns gehört haben?« Die Fee ließ Max einen Moment, um sich mit dem neuen Umstand abzufinden, dann fragte sie: »Bleibt es bei Ihrem Wunsch?«

Kurz überfiel Max ein Gefühl, als habe er im Gewinnregal einer Losbude freie Auswahl und greife versehentlich ausgerechnet in die Ecke mit den Kugelschreibern und Plastikschraubenziehern. Doch sofort wurde ihm klar: Sein Wunsch rührte ja nicht nur daher, dass er Ronni mal ordentlich die Meinung sagen wollte, sondern dass von Ronnis Einsicht abhing, ob *Good Reasons* noch mal den Umschwung schaffte oder endgültig zusammenbrach – samt allen Arbeitsplätzen und Aktien. Darum machte Max sich auch keine Sorgen, er könne, selbst wenn er den Besuch der Fee vergaß, im letzten Moment kneifen. Um die eigene Existenz zu retten, blieb ihm gar nichts anderes übrig, als zu versuchen, Ronni zur Vernunft zu bringen. Und dann durchströmte Max auch schon eine nahezu heiße Welle der Vorfreude bei der Vorstellung, wie Ronni um Verzeihung für all seine Gemeinheiten der letzten Jahre bitten und ihn für die wachrüttelnden Worte mit Dankbarkeit überhäufen würde. Max atmete tief ein, dann lächelte er und sagte feierlich: »Es bleibt dabei.«

»Und Ihr Wunsch ist erfüllt.«

Max hielt den Arm immer noch in die Höhe gestreckt, als der Kellner ein Glas Bier vor ihm abstellte.

»Noch was?«, fragte dieser, als Max, der wie benommen vor sich hin starrte, den Arm nicht herunternahm.

»Bitte?«

»Ob Sie noch was wünschen?«

Max schaute auf das volle Glas, dann in das Gesicht des Kellners, ließ den Arm sinken und schüttelte langsam den Kopf. »Nein, danke.«

Als der Kellner verschwunden war, sah Max auf die Uhr. In einer halben Stunde musste er im ›Maria‹ sein. Vielleicht sollte er vorher lieber noch einen Kaffee trinken. Eben schien er ja fast am Tisch eingeschlafen zu sein. Er kannte das: Vor wichtigen Treffen überfiel ihn oft eine Art Panikmüdigkeit.

Während der Vorspeise passierte es dann zum ersten Mal, und Max kam es vor wie im Märchen. Zur Einleitung hatte er das Problem mit Nina und ihren Ferien angesprochen und was Ronnis Machtwort fürs ohnehin nicht blendende Betriebsklima bedeutete. Nachdem Ronni ihm überraschend still zugehört und immer appetitloser im Salat herumgestochert hatte, legte er die Gabel schließlich beiseite, nahm einen Schluck Weißwein, steckte sich eine Zigarette an, stützte den Kopf in die Hand und brütete vor sich hin. Als sich die Zigarette bis zur Hälfte allein in Rauch und Asche aufgelöst hatte, nahm Ronni den Kopf aus der Hand, schnippte sich die Asche gedankenverloren auf die Hose und wandte Max ein zerknirschtes, beinahe trauriges Gesicht zu.

»Das ist ja zum Kotzen!«

Fast wäre Max eine Cocktailtomate aus dem Mund gefallen. »Bitte?«

»Was ich da gesagt habe.« Ronni schüttelte den Kopf und stieß die Zigarette in den Aschenbecher. »Absolut zum Kotzen. Möcht mal wissen, was mich da wieder geritten hat. Vielleicht Eifersucht auf ihren neuen Freund. Is schon 'ne Weile, dass ich selber gerne mal mit ihr – aber gerade dann: Is doch Scheiße! Ihr die Ferien streichen ...« Ronni tippte sich an die Stirn. »Und dabei ist Nina eine der Besten. Was denkst du? Soll ich mich einfach nur entschuldigen? Quatsch, wir geben ihr zwei Wochen Extraferien, und zwar von der Firma bezahlt. Soll sich irgendwas aussuchen, Karibik oder von mir aus Mount-Everest-Besteigung – is doch so 'ne Klettermaus. Oder findest du das zu großspurig?«

Ronnis Frage und sein erwartungsvoller Blick brachten Max für einen Moment völlig durcheinander. Er wollte nach seinem Besteck greifen, merkte aber, dass er keinen Bissen mehr runterbekam, nahm stattdessen die Serviette, wischte sich über den sauberen Mund, suchte anschließend Halt am Weinglas, trank einen großen Schluck und noch einen, bis er endlich fragte: »Meinst du das ernst?«

»Mann, Max, natürlich mein ich das ernst. Ich hab mich saumäßig benommen, und ich will's wiedergutmachen. Aber dabei musst du mir helfen.«

Er musste ihm – was?! *Helfen ...?* Max glaubte, dieses Wort seit sechs Jahren nicht mehr aus Ronnis Mund gehört zu haben. Klar brauchte Ronni manchmal seine Hilfe, aber das klang normalerweise etwa so: He, Max, telefonier mal mit dem Wichser von der Waschmittelfirma und sag ihm, ich hätte ihn mit jemandem verwechselt – oder noch besser: Irgendwer aus meiner Familie sei gestorben, deshalb wäre ich vorhin so, na ja, schlechter Laune gewesen – also, total betrübt, mein ich; kann leider nicht selber anrufen, weil ich 'n Scheißsarg besorgen muss oder so was – du kriegst das schon hin, und bitte: Kauf dir endlich 'n vernünftiges Rasierwasser, sind wir hier 'n Schwuchtelclub oder was?

Max trank zur Sicherheit einen weiteren Schluck Wein und schenkte sich mit zittriger Hand nach, ehe er erwiderte: »Ich weiß nicht, ob *Good Reasons* sich zur Zeit Mount-Everest-Besteigungen leisten kann. Aber selbst wenn das gerade noch ginge, entspräche dieses großzügige Zeichen kaum dem Zustand der Firma.«

»Hmhm«, machte Ronni mit einem so aufmerksamen, konzentrierten Gesicht, wie Max es an ihm bisher nur gesehen hatte, wenn Ronni mit jemandem sprach, von dem er annehmen durfte, er sei ein noch größeres Arschloch als er.

»Denn falls dir das immer noch nicht klar sein sollte«, fuhr Max fort und spürte den Wein und wie er an Sicherheit gewann, »*Good Reasons* steht kurz vor der Pleite. Und bei der Gelegenheit …« Max ließ einen Arm über die Rückenlehne fallen und wunderte sich selber über seine auf einmal ziemlich lässige Sitzhaltung. »… so was wie mit Barnes heute Morgen wendet die Pleite bestimmt nicht ab. Im Gegenteil: Noch ein paar Falschmeldungen, und auch der treueste und zufriedenste Auftraggeber wird sich überlegen, ob er mit so einer Mogelfirma noch zusammenarbeiten will.«

Und dann passierte es zum zweiten Mal: Ronni sah seine Idiotie ein. Am liebsten hätte Max sich im Restaurant nach bekannten Gesichtern umgeschaut, ob irgendwer den Vorgang bezeugen konnte. Denn es war kaum zu glauben: Keine überheblichen Rechtfertigungen oder Belehrungen, wie man sich durchs Börsenbusiness zu tricksen hatte, nicht mal ein bisschen Trotz oder ein kleines Ausweichmanöver von wegen, Barnes sei doch sowieso 'ne Flasche, der hätte froh sein sollen, dass *Good Reasons* ihm 'ne Chance geben wollte. Sondern Ronni entschuldigte sich, schaute unglücklich und schüttelte immer wieder den Kopf.

»So was Unprofessionelles! Ich muss wirklich nicht mehr alle Tassen im Schrank gehabt haben. Und wenn Barnes' Agentin auch nur ahnt, dass ich dahinterstecke, dann läuft die Dreckschleuder heiß. Dann weiß es morgen die ganze verschissene Branche. Die ist doch andersrum, und als wir das erste Mal bei irgend'nem Dinnerempfang zusammensaßen, hab ich ihr meine Hotelzimmernummer auf die Serviette geschrieben – na, da war aber was los.«

Und dann bestellten sie das weitere Essen ab,

stattdessen eine zweite Flasche Wein, besprachen den Zustand von *Good Reasons* und warum es so weit gekommen war. Sie erinnerten sich ihrer Anfänge, bereuten während der dritten Flasche beide den Börsengang und schmiedeten schließlich Pläne, wie die Agentur von nun an besser zu führen sei. Das Wichtigste, sah Ronni ein, waren zufriedene Mitarbeiter, denen die Arbeit Spaß machte, die sich mit *Good Reasons* identifizierten und sich darum über das Mindestmaß hinaus engagierten und Ideen entwickelten. Kurz: Sie mussten wieder eine Mannschaft werden.

»Und scheiß auf den Aktienkurs!«, rief Ronni so laut, dass sich die zwei letzten Gäste außer ihnen nach ihm umdrehten. »Wir machen jetzt wieder unsere Arbeit. Und wenn wir die gut machen, kommt der Rest von allein. Prost!«

Sie stießen mit Schnaps an, und als sie ihn gekippt hatten, beugte sich Ronni über den Tisch und nahm Max in den Arm. »Du weißt gar nicht, wie sehr du mir heute Abend geholfen hast!«

Max sah über Ronnis Schulter hinweg in den fast leeren Saal und fragte sich, ob man so perfekt träumen konnte. Fast alles, was er sich in den letzten Jahren bezüglich Ronni und ihres Verhältnisses zueinander immer mal wieder ausgemalt und gewünscht hatte, war an diesem Abend wahr geworden. Wären ihre Anzüge nicht so teuer und das Restaurant kein solcher Schnöselladen gewesen, hätte man meinen können, sie säßen vor acht Jahren zusammen: der große, laute Ronni mit den Visitenkarten Berlin – New York – Paris und der kleine, nachdenkliche Max, der ihm Geld geliehen hatte, um die Karten zu drucken, und ihm erklären musste, dass es bescheuert klang, wenn man Paris im Deutschen aussprach wie die Franzosen. Damals hatten Freunde gesagt: Wenn zwei so gegensätzliche Typen sich überhaupt verstehen, dann nur sehr gut. Und so war es gewesen. Beide wussten um ihre Qualitäten und akzeptierten die Schwächen des anderen. Und wenn es mal Meinungsverschiedenheiten gab, waren sie sich immer noch fremd genug, um einander zuzuhören und Kompromisse zu suchen. Doch dann kamen der Erfolg, die Apartments, die Autos, und Ronni fing an, seine Visitenkarten ernst zu nehmen, während Max seine Adresse, wenn sie jemand haben wollte, nach wie vor auf Bierdeckel schrieb. Und so weiter – bis zu diesem Abend.

Als sie gegen eins das ›Maria‹ verließen, schwankten sie betrunken, und Max hakte sich bei Ronni unter. Am Taxistand beschworen sie noch mal die besseren Zeiten, die am nächsten Tag beginnen sollten, dann plumpste Ronni auf die Rückbank, und Max winkte dem Taxi hinterher. Anschließend setzte er sich auf die Stufe eines Ladeneingangs, steckte sich eine Zigarette an und sah den Autos und ihren Lichtern zu, wie sie den Kudamm hinauf- und hinabglitten. Eine große Stadt, ein großer Abend.

Irgendwann beschloss Max, dass er viel zu aufgewühlt war, um schon nach Hause zu fahren. Er wollte noch irgendwo was trinken. Zum Beispiel im ›Guevara-Club‹. Viele Mitarbeiter von *Good Reasons* gingen dorthin, und darum hatte er die Bar bisher meistens gemieden. Denn obwohl er mit fast jedem im Haus gut auskam und sogar glaubte, einigermaßen beliebt zu sein, wurde er das Gefühl nie los, in seinem Beisein gerieten die Scherze und der Agenturklatsch der anderen um einiges stumpfer und zahmer. Als ob die Oma am Tisch säße und man anstatt des Witzes über Gruppensex beim Papst lieber den mit »Treffen sich zwei Ostfriesen …« erzählte. Aber nun würde sich ja alles ändern. Mit dem ewigen Eiertanz, Ronni gegenüber loyal, gleichzeitig aber ein normaler Teil der Belegschaft zu sein, war endlich Schluss. Ab morgen gehörten sie alle zu einer einzigen Mannschaft.

Es war kurz nach zwei, als Max die mit Sofas und Sesseln vollgestopfte und von mattem, gelbem Licht beleuchtete Bar betrat. Zwei Pärchen drückten sich zu leisem Xylophon-Jazz in die Sofas, und hinter der Theke stand eine rauchende Barfrau, die Max gelangweilt zunickte. Er wollte schon enttäuscht kehrtmachen, als er sich doch noch dazu entschloss, wenigstens ein Gutenachtbier zu trinken. Er setzte sich an die Theke, bestellte das Bier, stützte den Kopf in die Hände und sah der Barfrau beim Zapfen zu. Dann eben morgen. Ronni plante, bei der wöchentlichen Konferenz den neuen Geist der Agentur zu verkünden, und am Abend, so malte sich Max aus, würden alle zusammen hier im ›Guevara-Club‹ feiern. Und er wäre der unumstrittene …

»Na, Max.«

Max wandte den Kopf, und für einen Augenblick erstarrte er wie nach einem Schuss. Neben ihm stand Sophie. Sie zog ihre Jacke aus, warf sie über einen Sessel, setzte sich auf den nächsten Barhocker und machte der Barfrau ein Zeichen. Erst dann sah sie ihn an. Wie immer wirkte ihre Miene auf Max undurchdringlich.

»Was für eine Überraschung! Dich hab ich hier noch nie gesehen.«

»Hallo, Sophie … Tja, nun … « Max rang sich ein Lächeln ab. » … Bin auch erst ein- oder zweimal hier gewesen.«

»Aha.«

Aha? Wieso aha? Galt man unter soundso viel

›Guevara-Club‹-Besuchen in der Agentur vielleicht als Aussätziger? Max spürte Wut in sich aufsteigen, bis er sich gerade noch erinnerte, dass ja nun alles anders war. Sophie konnte ihm gar nichts mehr. Seinetwegen – und nur seinetwegen – würde *Good Reasons* ab morgen ein völlig verwandelter Betrieb sein. Und dann wollte er doch mal sehen, mit wem die Leute einen trinken gingen.

»Aber das wird sich jetzt ändern«, konnte er sich nicht verkneifen, wobei er im selben Augenblick hoffte, Sophie würde keine genaueren Erklärungen verlangen. Noch hatte Ronni den neuen Geist nicht verkündet, und so betrunken, dass er sich auf Ronnis Worte hundertprozentig verließ, war Max nun doch nicht.

»Warum? Willst du ein bisschen spionieren?«

Sophie hatte sich leicht zu ihm gebeugt, und trotz des eigenen Alkoholpegels und der verrauchten Luft roch Max ihre Fahne.

»Spionieren?«

»Was die Leute aus der Agentur so reden nach Feierabend.«

Ehe Max eine Erwiderung rausbrachte, stellte ihnen die Barfrau ein Bier und einen Gin Tonic auf die Theke und wünschte: »Zum Wohl.« Sophie hob ihr Glas, nickte Max zu und nahm einen großen Schluck.

»Du spinnst wohl«, sagte er schließlich, während sie ihr Glas zurück auf die Theke stellte.

Ohne sich um seine Bemerkung zu kümmern, fragte Sophie: »Rate mal, mit wem ich heute Abend zusammen war? Mit Nina. Und weißt du, was wir festgestellt haben?« Wieder beugte sie sich leicht zu ihm, und ihre glasigen Augen waren voller Verachtung.

»Nein«, antwortete Max und nahm unwillkürlich ein überlegenes Lächeln an. »Aber du wirst es mir bestimmt gleich sagen.«

»Sehr witzig. Aber so kennt man ihn ja, den kleinen Max: Immer einen Scherz auf den Lippen und um gutes Arbeitsklima bemüht.«

»Ist daran irgendwas verkehrt?«, fragte Max mit ausgesuchter Freundlichkeit und gefiel sich sehr in der souveränen, ironischen Haltung, die plötzlich über ihn gekommen war. Ein Denker und Lenker, der Sophies kleinen Bösartigkeiten mit väterlicher Gelassenheit begegnete. Vielleicht war sie ja lesbisch? Darüber hatte er noch gar nicht nachgedacht.

Sophie wedelte seine Frage mit ungeduldiger Handbewegung davon. »Festgestellt haben wir jedenfalls, dass Ronni ohne dich zwar immer noch ein Arschloch wäre, aber ein angreifbares. Denn dadurch, dass du Schleimbeutel immer dazwischenhängst, seine Fehler ausbügelst und die Dinge bei uns so arrangierst, dass sich jeder zähneknirschend zufriedengeben muss, kommt es nie zu einem wirklichen Streit.«

Max hatte die Stirn gerunzelt und den Kopf etwas zur Seite geneigt. Was redete sie da? Sie schien ja völlig verwirrt. Außerdem spuckte sie beim Sprechen.

»Und mit Ronni könnte man streiten. Er ist nämlich alles Mögliche, aber kein Feigling. Und manchmal hat er sogar Humor. Aber mit dir davor! Natürlich ist er froh, jemanden zu haben, der allen Ärger von ihm fernhält – notfalls mithilfe der eigenen Brieftasche. Wie viel wolltest du Nina denn zahlen, damit sie ein anderes Mal in Urlaub fährt und schön die Klappe hält?«

Fast hätte Max aufgelacht, so absurd kam ihm das nach dem Abend mit Ronni vor. Automatisch griff er nach seinem Mantel.

»Und nur, um dich unentbehrlich zu machen. Denn das weißt du wohl: Wenn es einen Posten bei *Good Reasons* gibt, der völlig unproduktiv und überflüssig ist, dann deiner. Und wenn Ronni irgendwann kapiert, dass du nicht nur jede unangenehme, sondern auch jede konstruktive Auseinandersetzung verhinderst, dann fängt er vielleicht mal an, zu überlegen, was du außer Unterm-Deckel-Halten sonst noch so kannst.«

Max schüttelte den Kopf und bemühte sich um einen belustigten Ton: »So ein Unsinn. Gerade eben habe ich Ronni davon überzeugt, dass wir wieder eine Mannschaft werden müssen.«

»Klar. Am besten alle mit Friedenstauben auf'm Kopf. Wär ja perfekt für dich: *Good Reasons* versteht sich ab jetzt nicht mehr als Unternehmen mit hundert Angestellten, das an der Börse notiert ist, sondern als fröhliche Truppe mit gemeinsamen Zielen. Kann mir deine Worte genau vorstellen: entspannte Arbeitsatmosphäre, familiärer Umgang, dadurch Teamgeist und Identifikation mit der Agentur, Verantwortung auf allen Schultern, Kreativität und zwangsläufig ganz ungeheurer Erfolg.«

Sophie atmete tief ein, um Max dann samt Spucktröpfchen ins Gesicht zu schmettern: »Na, da gäb's aber was unterm Deckel zu halten! Und auszubügeln! Und zu arrangieren! Im Moment muss der Laden ja nur irgendwie laufen, aber wenn wir uns auch noch alle lieben sollen?!«

Max schlüpfte in seinen Mantel. Das war ja nicht zu ertragen!

»Dein ängstliches Scheißbemühen um Ausgleich und Verständnis ist ja jetzt schon der größte Terror in der Agentur!«

Ohne Sophie noch mal anzugucken, stand Max vom Barhocker auf, warf den erstbesten Geldschein, den er in der Hosentasche fand, auf die Theke und verließ die Bar.

Während er auf der Straße nach einem Taxi Ausschau hielt, überlegte er, worum es ihr eigentlich gegangen war. Wahrscheinlich nur darum, ihn anzumotzen. Irgendwen anzumotzen. So was Idiotisches.

Der Zauberlehrling

Hat der alte Hexenmeister
sich doch einmal wegbegeben!
Und nun sollen seine Geister
auch nach meinem Willen leben.
Seine Wort und Werke
merkt ich und den Brauch,
und mit Geistesstärke
tu ich Wunder auch.

Walle! walle
Manche Strecke,
dass, zum Zwecke,
Wasser fließe
und mit reichem, vollem Schwalle
zu dem Bade sich ergieße.

Und nun komm, du alter Besen!
Nimm die schlechten Lumpenhüllen;
bist schon lange Knecht gewesen:
nun erfülle meinen Willen!
Auf zwei Beinen stehe,

oben sei ein Kopf,
eile nun und gehe
mit dem Wassertopf!

Walle! walle
manche Strecke,
dass, zum Zwecke,
Wasser fließe
und mit reichem, vollem Schwalle
zu dem Bade sich ergieße.

Seht, er läuft zum Ufer nieder,
Wahrlich! ist schon an dem Flusse,
und mit Blitzesschnelle wieder
ist er hier mit raschem Gusse.
Schon zum zweiten Male!
Wie das Becken schwillt!
Wie sich jede Schale
voll mit Wasser füllt!

Stehe! stehe!
denn wir haben
deiner Gaben
vollgemessen! –
Ach, ich merk es! Wehe! wehe!
Hab ich doch das Wort vergessen!

Ach, das Wort, worauf am Ende
er das wird, was er gewesen.
Ach, er läuft und bringt behende!
Wärst du doch der alte Besen!
Immer neue Güsse
bringt er schnell herein,
Ach! und hundert Flüsse
stürzen auf mich ein.

Nein, nicht länger
kann ichs lassen;
will ihn fassen.
Das ist Tücke!
Ach! nun wird mir immer bänger!
Welche Miene! welche Blicke!

O du Ausgeburt der Hölle!
Soll das ganze Haus ersaufen?
Seh ich über jede Schwelle
doch schon Wasserströme laufen.
Ein verruchter Besen,
der nicht hören will!
Stock, der du gewesen,
steh doch wieder still!

Willst am Ende
gar nicht lassen?

Will dich fassen,
will dich halten
und das alte Holz behende
mit dem scharfen Beile spalten.

Seht da kommt er schleppend wieder!
Wie ich mich nur auf dich werfe,
gleich, o Kobold, liegst du nieder;
krachend trifft die glatte Schärfe.
Wahrlich, brav getroffen!
Seht, er ist entzwei!
Und nun kann ich hoffen,
und ich atme frei!

Wehe! wehe!
Beide Teile
stehn in Eile
schon als Knechte
völlig fertig in die Höhe!
Helft mir, ach! ihr hohen Mächte!

Und sie laufen! Naß und nässer
wirds im Saal und auf den Stufen.
Welch entsetzliches Gewässer!
Herr und Meister! hör mich rufen! –
Ach, da kommt der Meister!
Herr, die Not ist groß!

Die ich rief, die Geister
werd ich nun nicht los.

»In die Ecke,
Besen, Besen!
Seids gewesen.
Denn als Geister
ruft euch nur zu diesem Zwecke,
erst hervor der alte Meister.«

FRANZ HOHLER

Der Wunsch

Haben Sie noch einen Wunsch?«, fragte der Kellner den Gast, als er den Teller und das Besteck abräumte.

»Ja«, sagte der Gast, »einen Cognac Napoléon, eine Villa am Zürichberg, einen Bentley und eine Frau, mit der man Pferde stehlen kann.«

»Das ist ein bisschen viel auf einmal«, sagte der Kellner, »aber wir werden sehen, was wir tun können.«

Und als er wenig später den Cognac servierte, wurde er von einem Notar begleitet, der eine Schenkungsurkunde für eine Villa an der Krönleinstraße mit einem Bentley in der Garage bei sich hatte. Der Gast bedankte sich und trank einen Schluck, da setzte sich eine Frau mit blitzenden Augen an seinen Tisch und stellte sich als bekannte Pferdediebin vor.

Bevor sie zusammen das Lokal verließen, schrieb der Gast in sein Notizbuch: »Essen mittelmäßig, Bedienung erstklassig.«

Psychologie

Als sie die Tür öffnete und ihn dort stehen sah, freute sie sich mehr denn je, und auch er schien, als er ihr ins Studio folgte, sehr, sehr glücklich zu sein, dass er gekommen war.

»Nicht an der Arbeit?«

»Nein. Ich wollte gerade Tee machen.«

»Und Sie erwarten niemanden?«

»Nein, keinen Menschen!«

»Das passt gut!«

Er legte Mantel und Hut so behutsam und gemächlich weg, als hätte er reichlich Zeit für alles oder als nähme er für immer Abschied von ihnen, trat dann an den Kamin und streckte den munter flackernden Flammen die Hände entgegen. Nur einen kurzen Augenblick standen sie beide in diesem flackernden Flammenschein.

Auf ihren lächelnden Lippen schmeckten sie gewissermaßen noch immer den beglückenden Schock ihrer Begrüßung. Ihr verborgenes Selbst flüsterte: »Weshalb sollten wir sprechen? Ist denn das nicht genug?«

»Mehr als genug. Ich hatte bis zu diesem Augenblick gar nicht begriffen …«

»… wie wohl es tut, bloß so mit dir zusammen zu sein …«

»… wie jetzt.«

»Mehr als genug.«

Doch plötzlich wandte er sich ihr zu und sah sie an, und sie ging schnell weg.

»Zigarette? Ich setze den Kessel auf. Sehnen Sie sich schon nach Tee?«

»Nein. Nicht gerade sehnen!«

»Aber ich!«

»Oh, Sie …« Er knuffte das armenische Kissen zurecht und warf sich auf die Couch. »… Sie sind eine echte kleine Chinesin.«

»Ja, das bin ich«, lachte sie. »Ich lechze nach Tee wie starke Männer nach Wein.«

Sie zündete die Lampe unter dem großen orangefarbenen Schirm an, zog die Vorhänge zu und schob den Teetisch näher heran. Im Wasserkessel zwitscherten zwei Vögel; das Feuer flackerte. Er setzte sich hin und umschlang seine Knie.

Es war eine bezaubernde Zeremonie, dieses Teetrinken bei ihr: immer hatte sie köstliche Sachen zu essen – kleine pikante Sandwiches, süße Mandelstäbchen und einen schweren, dunklen Cake, der nach Rum schmeckte… aber es war doch eine

Unterbrechung. Er wünschte, dass es vorbei wäre, das Tischchen weggeschoben, ihre beiden Stühle an die Lampe herangerückt, und dann war der Augenblick da, wo er seine Pfeife hervorholte, sie stopfte und – während er noch den Tabak hineindrückte – zu ihr sagte: ›Ich habe nachgedacht über das, was Sie letztes Mal sagten, und mir scheint …‹

Ja, das war es, worauf er wartete – und sie auch! Ja, während sie die Teekanne über der Spiritusflamme wärmte und trocken schwenkte, sah sie die andern beiden: ihn zurückgelehnt, wie er sich's zwischen den Kissen gemütlich machte, und sie wie eine Schnecke im blauen Muschelsessel zusammengerollt.

Das Bild war so deutlich und genau, als wäre es auf den blauen Deckel der Teekanne gemalt. Und doch konnte sie nicht schneller machen.

Fast hätte sie geschrien: ›Lassen Sie mir etwas Zeit!‹ Sie brauchte Zeit, um ruhig zu werden. Sie brauchte Zeit, um sich von all den vertrauten Dingen zu lösen, mit denen sie so innig zusammenlebte. Denn all die heiteren Dinge um sie her waren ein Teil ihrer selbst, waren ihre Kinder, und sie wussten es und erhoben die lautesten, wildesten Ansprüche. Aber jetzt mussten sie gehen. Sie mussten weggefegt und weggescheucht werden, mussten wie Kinder die dämmerige Treppe hinaufgeschickt und ins

Bett gesteckt und ermahnt werden, einzuschlafen, sofort – ohne Murren!

Denn der besondere Reiz ihrer Freundschaft beruhte auf ihrer gegenseitigen rückhaltlosen Hingabe. Wie zwei offene Städte inmitten einer weiten Ebene lag ihr Denken offen vor dem andern hingebreitet. Und es war nicht so, als ritte er in ihre Stadt wie ein Eroberer ein – bis an die Zähne bewaffnet, nichts erblickend als ein fröhliches Seidengeflatter, und auch sie zog nicht in die seine wie eine sanft auf Blütenblättern schreitende Königin ein. Nein, sie waren zwei eifrige, ernste Wanderer, die ganz darin aufgingen, zu verstehen, was es zu sehen gab, und zu entdecken, was verborgen war… um das Beste aus diesem durchaus ungewöhnlichen Glücksfall zu machen, der es ihm ermöglichte, gänzlich wahrhaft zu ihr zu sein, und ihr, gänzlich aufrichtig zu ihm zu sein.

Und das Beste daran war, dass sie beide alt genug waren, um ihr Abenteuer voll und ganz und ohne irgendwelche dumme Gefühlskomplikation zu genießen. Sie sahen es ganz deutlich: die Leidenschaft hätte alles verdorben. Außerdem war das alles aus und vorbei für sie beide: er war einunddreißig, sie war dreißig; sie hatten ihre Erlebnisse gehabt, die kostbar und mannigfaltig gewesen waren, doch jetzt war die Zeit für die Ernte gekommen – die Ernte. Würden seine Romane nicht ganz hervorragende Romane werden? Und ihre Theaterstücke: wer sonst außer ihr besaß ein so hervorragendes Gefühl für die echte englische Komödie? ... Sorgfältig schnitt sie dicke Scheibchen vom Cake ab, und er reichte ihr seinen Teller.

»Beachten Sie bitte, wie gut er ist!«, beschwor sie ihn. »Essen Sie ihn mit allen Sinnen! Verdrehen Sie die Augen, wenn Sie können, und prüfen Sie ihn beim Atemholen. Es ist keine altbackene Semmel aus der Brotlade – es ist die Art Kuchen, die in der Genesis hätte erwähnt werden können... Und Gott sprach: ›Es werde Cake!‹ Und es ward Cake. Und Gott sah, dass er gut war.«

»Sie brauchen mich nicht zu nötigen«, sagte er. »Bestimmt nicht! Es ist seltsam, aber hier bei Ihnen fällt mir immer auf, was ich esse – und nie anderswo. Vermutlich kommt es daher, weil ich schon lange allein lebe und beim Essen immer lese ... von meiner Gewohnheit, Essen einfach bloß als Nahrung zu betrachten... als etwas, was zu festgesetzten Zeiten da ist, um verschlungen zu werden ... bis es ... nicht mehr da ist.« Er lachte. »Das empört Sie, nicht wahr?«

»Abgründig«, sagte sie.

»Aber ... sehen Sie ...« Er schob seine Tasse weg und begann sehr schnell zu sprechen: »Ich habe einfach kein konkretes Leben. Von den meisten Dingen – Bäumen und so weiter – weiß ich nicht einmal die Namen, und nie merke ich, wie Orte oder Möbel oder Leute aussehen. Ein Zimmer ist für mich genau wie ein andres – ein Ort, wo man sitzen und lesen oder plaudern kann –, ausgenommen«, und hier machte er eine Pause und lächelte seltsam naiv und sagte: »Ausgenommen das Studio hier!« Er blickte sich um und sah sie dann an; vor Erstaunen und Vergnügen lachte er. Er war wie ein Mann, der in der Bahn aufwacht und gewahrt, dass er schon das Ende seiner Reise erreicht hat. »Und noch etwas Seltsames: wenn ich die Augen schließe, kann ich dieses Zimmer bis in die letzte Einzelheit sehen … jede Einzelheit … Es fällt mir jetzt erst auf – vorher ist es mir nie so klar gewesen. Oft, wenn ich anderswo bin, kehre ich in Gedanken zurück und wandere zwischen Ihren roten Stühlen umher, betrachte die Obstschale auf dem schwarzen Tisch … und betaste ganz leise den wundervollen ›Kopf eines schlafenden Knaben‹.«

»Ich liebe den kleinen Jungen«, murmelte er. Und dann waren beide still. Eine neue Stille senkte sich auf sie. Sie glich keineswegs der zufriedenen Stille, die ihren Begrüßungen folgte, dem ›Also nun sind wir wieder zusammen, und warum sollten wir nicht einfach fortfahren, wo wir letztes Mal aufhörten!‹

Das war eine Stille, die vom Umkreis des warmen, köstlichen Feuers und des Lampenlichts begrenzt blieb. Wie oft hatten sie etwas hineingeschleudert – nur zum Spaß –, um zu sehen, wie sich die Wellchen auf den sanften Ufern verliefen. Doch in diesen unvertrauten Teich fiel jetzt der Kopf des kleinen Jungen, der seinen zeitlosen Schlaf schlief – und die Wellchen flossen weit, weit weg, in grenzenlose Fernen, in tiefe, glitzernde Dunkelheit hinein.

Und dann brachen sie die Stille. Sie sagte: »Ich muss das Feuer schüren«, und er sagte: »Ich versuche ein neues …« Beide waren sie entwischt. Sie schürte das Feuer und stellte das Tischchen zurück, der blaue Sessel wurde herangerollt; sie schmiegte sich hinein, und er lehnte sich in die Kissen zurück. Rasch! Rasch! Sie mussten verhindern, dass es noch einmal so weit kam.

»Ich habe also das Buch gelesen, das Sie letztes Mal hierließen.«

»Oh, und wie denken Sie darüber?«

Sie waren im Gange, und alles war wie immer. Aber war es das wirklich? Waren sie nicht etwas zu rasch, zu prompt mit ihren Antworten, zu eifrig bemüht, auf den andern einzugehen? War es wirklich mehr als nur eine wunderbar gute Nachahmung anderer Begegnungen? Ihm klopfte das Herz, ihr glühten die Wangen, und das Dumme war, dass sie nicht feststellen konnte, wo genau sie waren oder was genau geschah. Sie hatte keine Zeit, zurückzublicken. Und gerade, als sie so weit gekommen war, geschah es noch einmal. Sie stockten, zauderten, wussten nicht weiter und waren still. Wieder waren sie sich des grenzenlosen, fragenden Dunkels bewusst. Wieder waren sie hier: Zwei Jäger, die sich über ihr Feuer beugen, aber plötzlich aus dem Dschungel drüben einen Windstoß und einen lauten, fragenden Schrei hören…

Sie hob den Kopf. »Es regnet«, murmelte sie. Und ihre Stimme klang wie die seine, als er gesagt hatte: ›Ich liebe den kleinen Jungen.‹ Immerhin! Warum gaben sie nicht einfach nach – ergaben sich und warteten, was dann geschehen würde? Aber nein. Obwohl sie unsicher und verwirrt waren, wussten sie jedenfalls genug, um zu erkennen, dass ihre kostbare Freundschaft in Gefahr war. Die war's, die zerstört würde – und nicht sie beide; daran aber wollten sie nicht schuld sein.

Er stand auf, klopfte seine Pfeife aus, fuhr sich mit der Hand durchs Haar und sagte: »Ich habe in letzter Zeit sehr oft darüber nachgedacht, ob der Roman der Zukunft ein psychologischer Roman sein wird oder nicht. Sind wir so sicher, dass Psychologie in ihrer Eigenschaft als Psychologie überhaupt etwas mit Literatur zu tun hat?«

»Wollen Sie damit sagen, Sie hielten es für möglich, dass die geheimnisvollen, nicht vorhandenen Geschöpfe – die jungen Schriftsteller von heute – einfach versuchten, sich das Schürfrecht der Psychoanalytiker widerrechtlich anzueignen?«

»Ja, allerdings. Und ich glaube, es kommt daher, weil diese Generation gerade klug genug ist, um zu erkennen, dass sie krank ist, und um zu begreifen, dass ihre einzige Aussicht auf Genesung darin besteht, sich mit den Symptomen zu beschäftigen, sie gründlich zu studieren, sie aufzuspüren und zu versuchen, bis an die Wurzel des Übels vorzudringen.«

»O weh!«, jammerte sie. »Was für schrecklich trübe Aussichten!«

»Keineswegs«, sagte er. »Verstehen Sie …« Das Gespräch plätscherte weiter. Und diesmal hatten sie es anscheinend wirklich geschafft. Um ihn anzublicken, während sie redete, drehte sie sich in ihrem Sessel ein wenig um. Ihr Lächeln besagte: ›Wir haben es geschafft!‹ Und er lächelte überzeugt zurück: ›Ganz bestimmt!‹ Doch das Lächeln wurde ihnen zum Verhängnis. Es dauerte zu lange; es wurde zu einem Grinsen. Sie sahen sich als zwei feixende kleine Marionetten, die im Nichts herumzappelten. ›Worüber haben wir nur gesprochen?‹, dachte er. Er fand es so entsetzlich langweilig, dass er beinah stöhnte.

›Wie unmöglich haben wir uns aufgeführt!‹, dachte sie. Und sie sah ihn, wie er mühsam, ach, so mühsam, den Garten anlegte, und wie sie hinter ihm herlief und hier einen Baum und dort einen Blütenbusch setzte und eine Handvoll glitzernder Fische in ein Becken tat. Diesmal schwiegen sie aus reinster Verzagtheit. Die Uhr tat sechs fröhliche kleine Schläge, und das Feuer flackerte nervös. Was für Narren sie waren: schwerfällig, langweilig, ältlich – eindeutige Strohköpfe!

Und jetzt zog die Stille sie in ihren Bann wie feierliche Musik. Es war eine Qual für sie, eine Qual, es zu ertragen; und er würde sterben, sollte die Stille gebrochen werden… und doch sehnte er sich danach, sie zu brechen. Nicht mit einem Gespräch. Und auf keinen Fall mit ihrem üblichen, irritierenden Geschwätz. Für sie gab es noch eine andere Art, miteinander zu sprechen, und auf diese neue Art wollte er flüstern: ›Empfindest du das auch? Verstehst du es überhaupt?‹ Stattdessen hörte er sich zu seinem Entsetzen sagen: »Ich muss gehen! Um sechs Uhr bin ich mit Brand verabredet.«

Welcher Teufel ließ ihn dies sagen und nicht das andre? Sie sprang hoch – sie sprang förmlich aus ihrem Sessel hoch, und er hörte sie rufen: »Dann müssen Sie sich beeilen! Er ist immer so pünktlich. Warum haben Sie es nicht gleich gesagt?«

›Du hast mich verletzt, du hast mich verletzt! Wir haben beide versagt!‹, seufzte ihr verborgenes Selbst, während sie ihm Hut und Stock reichte und heiter lächelte. Sie gönnte ihm keinen Augenblick für ein weiteres Wort, sondern lief über den Flur und öffnete die Haustür.

Konnten sie so auseinandergehen? Wie könnten sie es? Er stand auf der Schwelle und sie noch drin, die Tür offen haltend.

Es regnete nicht mehr.

›Du hast mich verletzt, mich verletzt‹, seufzte ihr Herz. ›Warum gehst du nicht? Nein, geh nicht! Bleib! Nein – geh!‹ Und sie blickte in den Abend hinaus. Sie sah die schön geschwungene Treppe, den von glitzerndem Efeu umsäumten Garten, auf der andern Straßenseite die hohen, kahlen Weiden und darüber den weiten, sternklaren Himmel.

Aber von alledem sah er natürlich nichts. Über all das war er erhaben. Er – mit seiner wundervollen ›vergeistigten‹ Vision!

Sie hatte recht. Er sah überhaupt nichts. Was für ein Elend!

Es war ihm entgangen. Jetzt war es zu spät, um noch etwas zu tun. War es wirklich zu spät? Ja. Ein kalter beißender Windstoß fuhr in den Garten. Zum Teufel mit dem Leben! Er hörte sie »*Au revoir!*« rufen, und die Tür fiel ins Schloss.

Sie lief ins Studio zurück und benahm sich ganz wunderlich.

Sie lief hin und her, hob die Arme und rief: »Oh, wie blöd! Oh, wie dumm! Oh, wie blöd!« Und dann warf sie sich aufs Sofa und dachte an gar nichts – lag einfach da in stummer Wut. Alles war vorbei. Was war vorbei? Ach, etwas war bestimmt vorbei. Und sie würde ihn nie wiedersehen – nie mehr. Nachdem eine unsagbar lange Zeit (oder waren es zehn Minuten?) in diesem schwarzen Abgrund vergangen war, schrillte ihre Klingel kurz und heftig. Das war er – natürlich! Und ebenso selbstverständlich – hätte sie es überhaupt nicht beachten sollen, sondern es einfach weiterklingeln lassen sollen. Sie stürzte hinaus, ihm zu öffnen.

Auf der Schwelle stand eine alte Jungfer, ein rührendes Geschöpf, das sie schlechthin vergötterte (der Himmel mochte wissen, weshalb). Sie hatte die Gewohnheit, plötzlich aufzutauchen und zu klingeln und dann, wenn ihr aufgemacht wurde, zu sagen: »Meine Liebe, schicken Sie mich gleich wieder weg!« Doch das tat sie nie. Meistens forderte sie sie auf, näherzutreten, und ließ sie alles bewundern, und dann nahm sie den Strauß etwas angekränkelter Blumen betont freundlich in Empfang. Doch heute …

»Ach, es tut mir so leid!«, rief sie. »Aber es ist

jemand da! Wir arbeiten an einigen Holzschnitten. Ich habe den ganzen Abend entsetzlich zu tun.«

»Das macht doch nichts, mein Liebes, es macht überhaupt nichts!«, sagte die gute Freundin. »Ich kam nur eben vorbei und dachte, ich könnte Ihnen ein paar Veilchen dalassen!« Sie tastete an den Stäben eines großen, alten Regenschirms entlang. »Da unten drin habe ich sie verwahrt. Es ist der beste Platz, um Blumen vor dem Wind zu schützen. Da sind sie!«, sagte sie und schüttelte ein welkes Sträußchen heraus.

Einen kurzen Augenblick nahm sie die Veilchen nicht entgegen. Doch während sie innen im Flur stand und die Tür festhielt, geschah etwas Sonderbares … Wieder sah sie die schön geschwungene Treppe, den von glitzerndem Efeu umsäumten, dunklen Garten, die Weiden, den weiten, hellen Himmel. Wieder spürte sie die Stille wie eine Frage. Aber diesmal zauderte sie nicht. Sie trat vor. Sehr sanft und behutsam, als fürchte sie, in dem grenzenlosen Teich der Stille ein Wellengekräusel zu erregen, legte sie die Arme um die Freundin.

»Aber Liebes«, flüsterte die Glückliche und war überwältigt von so viel Dankbarkeit, »es ist wirklich nichts! Nur das bescheidenste Drei-Penny-Sträußchen!«

Doch während sie sprach, wurde sie umarmt,

wurde immer zärtlicher, immer liebevoller umarmt, mit so zartem Druck und so lange gehalten, dass dem armen Ding ganz wirblig im Kopf wurde und es gerade noch die Kraft hatte, um hervorzustottern: »Dann bin ich Ihnen also wirklich nicht gar so zuwider?«

»Gute Nacht, mein Liebes«, flüsterte die andre. »Kommen Sie bald wieder!«

»O ja! Sehr gern!«

Diesmal kehrte sie langsam ins Studio zurück, und als sie mit halb geschlossenen Augen mitten im Zimmer stehen blieb, war ihr so leicht, so ausgeruht zumute, als sei sie gerade aus einem Kinderschlaf erwacht. Sogar das Atmen war eine Freude… Das Sofa sah sehr unordentlich aus. Alle Kissen wie ›wild gewordene Berge‹, fand sie. Sie schaffte Ordnung, ehe sie zum Schreibtisch hinüberging.

›Unser Gespräch über den psychologischen Roman hat mich weiter beschäftigt‹, schrieb sie hastig hin, ›es ist wirklich hochinteressant…‹ Und so weiter und so weiter.

Zu guter Letzt schrieb sie: ›Gute Nacht, lieber Freund! Kommen Sie bald wieder!‹

CAROLINE ALBERTINE MINOR

Segnungen

Ich hatte ihn schon einmal zufällig gesehen; einige
Monate bevor ich Danny kennenlernte. Damals zog
ich gerade um, ich hatte meine Sachen aus einem
Lagerraum in Sydhavnen geholt und wollte das Wochenende nutzen, um die Kartons auszupacken und
mich einzurichten. Ich sprach mit zwei Kollegen darüber, ein Feierabendbier trinken zu gehen. Daraus
war schon mehrmals nichts geworden, Luna hatte
Rücken- oder Kopfschmerzen gehabt, und Binøe
wollte nur mitkommen, wenn Luna dabei war. Wir
schlossen unsere Fahrräder auf und schoben sie unter der Brücke hindurch, am Hotel Astoria vorbei und die Reventlowsgade entlang. Ich schlug eines der großen Cafés auf dem Halmtorvet vor. Der
Frühling hatte gerade begonnen, und damals rauch-
ten wir alle noch.

Da sind doch nur Touristen, sagte Luna, kam
aber trotzdem mit. Wir gingen weiter am Gymna-
sium vorbei und wollten gerade um die Ecke biegen, als Binøe abrupt stehen blieb.

Guck mal, der da. Da oben.

Der Mann, über den er sprach, erklomm gerade mit nacktem Oberkörper die Kletterwand des DGI-Gebäudes und hatte schon die Hälfte geschafft. Seine Freunde bildeten unter ihm eine Gruppe und johlten. Er kletterte schnell und war bald so weit oben, dass einem schon vom Zusehen die Hände schmerzten.

Er bringt sich noch um, flüsterte ich.

Die sind doch besoffen, sagte Luna.

Wir konnten uns nicht lösen, es war unmöglich, den Blick von ihm abzuwenden. Die Männer aus der Gruppe, die am weitesten entfernt standen, begannen zu rufen, er solle herunterkommen. Halb im Scherz drohten sie ihm Prügel an, wenn er nicht auf sie hören würde. Der Kletterer zögerte einen Moment, doch jetzt bekam er wieder einen Griff zu fassen und zog sich noch weiter empor, seine Rückenmuskeln bewegten sich geschmeidig unter der Haut. Er war so gut in Form, dass es leicht wirkte.

Ich halte das nicht aus, sagte Luna.

Einer der Männer sah zu uns, und als hätte er erst in diesem Moment den Ernst der Lage begriffen, versuchte er seinen Freund jetzt mit echtem Zorn in der Stimme nach unten zu beordern. Der Kletterer ließ mit einer Hand los, drehte sich halb um und grinste breit. Sein Freund wiederholte die Aufforderung. Zur großen Belustigung der anderen reagierte der Kletterer darauf, indem er mit der freien Hand so tat, als würde er sich einen runterholen.

Was für Idioten, sagte Luna, und dann gingen wir widerstrebend weiter. Es erforderte all meine Willenskraft, nicht umzukehren und zurückzulaufen, ich wollte mich der Gruppe der Männer anschließen und seinen Namen rufen. Hör auf, so dumm zu sein! Denk doch mal nach!

Unkonzentriert trank ich mein Bier. Immer wenn ich eine Sirene hörte, schnürte sich mir der Hals zu. Einige Stunden später betrat ich die leere Wohnung. In einem Umzugskarton fand ich Putzmittel und zwei poröse Gummihandschuhe. Ich fing mit dem Badezimmer an, wo es noch hell war, und arbeitete mich von dort im Dunkeln durch die restliche Wohnung. Schrubbte die Spritzer und Flecken des früheren Bewohners weg. Wischte Staub und Essensreste vom Herd und entdeckte ganz hinten in einem der Küchenschränke zwei Dosen Labskaus, die ich auf den Treppenabsatz hinausstellte. So ging es weiter, bis ich um kurz nach Mitternacht mit einem Gefühl in der Brust ins Bett ging, das ich am besten als Sehnsucht beschreiben kann.

Als Danny an einem Samstag im Mai an meiner Tür klingelte, hatte ich schon lange die letzten Kartons ausgepackt und mich daran gewöhnt, meinen

Namen allein und über einer neuen Adresse stehen zu sehen. Die Nachbarin unter mir hatte mir die beiden empfohlen, als ich sie eines Tages am Glascontainer traf. Sie hatten ihre Küche gemacht, und sie sagte, sie seien bezahlbar und zuverlässig.

Danny war groß, er roch angenehm nach Creme und Zigaretten und wollte gerne eine Tasse Nescafé haben, wenn es mir nicht zu viele Umstände bereite. Sein Kollege kam eine Dreiviertelstunde später als vereinbart. Danny und ich standen im Flur und nahmen ihn in Empfang, wie eine Generalprobe des Paares, das wir im Laufe des Sommers werden würden. Aron nahm seine Mütze ab und verbeugte sich so tief, dass seine rotblonden Haare den Boden streiften.

Tut mir leid, dass ich zu spät bin, sagte er und offenbarte eine Menge schiefer weißer Zähne.

Erst war ich mir nicht sicher, dann hatte ich ohne bestimmten Grund keine Zweifel mehr. Also war er nicht abgestürzt. Wahrscheinlich war er noch höher geklettert, bevor er schließlich ganz mühelos wieder heruntergeklettert war.

Macht nichts, sagte ich und ergriff seine ausgestreckte Hand.

Seither habe ich natürlich darüber nachgedacht, was passiert wäre, wenn es umgekehrt gewesen wäre. Wenn Danny und nicht Aron an diesem Vormittag zu spät gekommen wäre. Ich weiß: ein extravaganter und letztlich völlig sinnloser Gedanke.

Das Sommerhaus lag sieben Kilometer außerhalb der Stadt an einer schmalen Straße, die sich mit der Landschaft hob und senkte. Danny hatte mir ein Stadthaus versprochen, aber laut Timothy hatte es nichts gegeben, was näher am Zentrum lag als der Hybenvej. Er holte uns an der Bushaltestelle ab, ich hielt den Kleinen im Arm. Seine Mütze verrutschte ständig so, dass er die Schnüre in die Augen bekam und schrie. Er hatte nicht wie erhofft im Zug geschlafen.

Da wären wir also, rief ich, als Timothy nahe genug war, um uns zu hören. Seit unserer letzten Begegnung hatte er sich einen Bart wachsen lassen.

Habt ihr lange gewartet?, fragte er und legte den Arm um Dannys Schulter. Wir redeten über den Westwind, der mich nach vorn schob, als ich den Kleinen im Kindersitz anschnallte. Ich setzte mich auf die Rückbank neben ihn und ließ ein Spielzeug vor seiner Nase baumeln, aber er war müde und weinte unverdrossen weiter.

Jaja, sagte ich, ich weiß, ich weiß.

Hinter uns mühten sich die beiden Männer mit dem Gepäck ab. Eine Menge Sachen mussten herausgenommen und verschoben werden, es dauerte, und das Verdeck des Kinderwagens wurde brutal gegen das Autodach gequetscht. Ich wollte Danny bitten, ein bisschen vorsichtiger zu sein, aber im nächsten Moment saßen die beiden schon vorn, und Tim sagte: Das ist ein richtiges Mädchenauto, für alles gibt es Knöpfe.

Der Kleine hatte aufgehört zu weinen, ohne dass es mir aufgefallen war.

Am Haus gab es nichts auszusetzen. Es war aus Holz, schwarz gestrichen und gleichzeitig gemütlich und modern. Von der Küche und dem Esszimmer aus blickte man auf eine Wiese, und dahinter lag das Meer. Ich ging hinein, um ein Fläschchen zu machen. Tim rührte gerade in einem großen Topf, er trat zur Seite, damit ich an den Wasserkocher kam.

Chili con carne, erklärte er, eine riesige Portion.

Im Fernsehen lief ein Trickfilm über eine Schweinefamilie, die ins Schwimmbad gehen wollte. Sie lachten ständig über jeden Quatsch und immer alle gleichzeitig. Der Kleine hatte die Augen geschlossen und trank im Schlaf weiter. Der Sessel, in dem ich saß, war groß, hässlich und bequem. Wenn man sich mit dem oberen Rücken dagegenstemmte, schob sich die Sitzfläche vor, und man landete in einer einschläfernden Liegeposition. Als das Fläschchen leer war, zog ich ihm vorsichtig den Sauger aus dem Mund und trug ihn in unser Schlafzimmer. Ich legte einen meiner Pullover in das faltbare Kinderbett und hoffte, er würde den Weichspülergeruch überdecken.

Nach dem Abwasch tranken wir Bier und sahen eine deutsche Sendung mit Amateurvideos, die kein Ende zu nehmen schien. Sobald man glaubte, sie wäre vorbei, stellte sich heraus, dass es nur eine weitere Werbepause war. Es wirkte hypnotisierend, den vielen fremden Menschen dabei zuzusehen, wie sie danebensprangen oder -trafen, wie sie tanzten und hinfielen und sich wehtaten, manchmal sogar richtig verletzten. Ich saß neben Danny auf dem Boden und lachte, bis ich Bauchweh bekam. Irgendwann legte er die Hand auf meinen Nacken und massierte mich, aber nur kurz. Wir waren schon seit über zwei Wochen nicht mehr miteinander im Bett gewesen. Ich fürchtete die trockene Distanz, die zwischen uns entstand, wenn zu viel Zeit verging. Timothy blieb auf dem Sofa liegen und sah bescheuert aus mit seiner Schiebermütze. Um zehn sagte ich, ich müsse jetzt schlafen gehen, weil der Kleine zurzeit so früh aufwache.

Ich saß im Sessel und betrachtete die Morgendämmerung über der Wiese. Timothy kochte Kaffee und hinterließ dem Vermieter eine lange Nachricht auf dem AB. Das Internet funktionierte einfach nicht, aber keiner wollte die Verantwortung dafür übernehmen. Danny kam mit einem Handtuch um die Taille aus dem Bad. Sein Körper hatte schon immer so ausgesehen, als würde er einem viel jüngeren Mann gehören. In seiner linken Brustwarze steckte ein Silberstab, den hatte er sich auf einer Reise nach Istanbul piercen lassen und es, soweit ich wusste, auch nie bereut. Anfangs war ich immer verlegen gewesen, wenn mein Blick darauf fiel.

Hallo, ihr beiden. Er küsste mich auf die Stirn.

Hallo Papa, sagte ich. Es war zu einer schlechten Angewohnheit geworden, für den Kleinen zu sprechen. Er konnte sich nur schwer auf die Flasche konzentrieren.

Bleib hier, sagte ich, du Schneeaffe. Du Schlawiner.

Nachdem die Jungs weggefahren waren, wischte ich die Krümel vom Küchentisch und sterilisierte die Milchflaschen. Den Kleinen hatte ich auf eine Decke vor den Fernseher gelegt, er plumpste auf den Rücken und fing an zu quengeln. Ich schenkte mir eine Tasse Kaffee ein. Irgendjemand hatte vergessen, den Deckel der Thermoskanne ordentlich zuzuschrauben. Der Kleine sah mich an, und dann heulte er richtig los.

Hey, du, sagte ich und schnappte ihn mir. Er saß bei mir, während ich meinen Kaffee trank. Der Himmel war blau, und der Wind zerrte an der Hecke, die unseren Garten vom benachbarten trennte. Ich kramte seine hellgraue Daunenjacke aus dem Rucksack hervor. Die kleinen Finger spreizten sich und verfingen sich im Ärmelloch, er hämmerte seine Fersen auf die Decke und hustete.

So, sagte ich und hob ihn hoch, fertig!

Der Garten roch nach Tang. Ein Stück den Kiesweg hinunter konnte ich einen rot gekalkten Hof erahnen, davon abgesehen gab es hier nur Sommerhäuser, die wie unsere aussahen. In den Einfahrten parkten keine Autos, unten auf den Feldern grasten Kühe. Der Kleine blinzelte.

Guck mal, sagte ich und deutete auf die gemächlichen Tiere, Kühe.

Er hatte seinen einen Hausschuh ausgezogen und ihn in das feuchte Gras geworfen. Ich zog ihn kommentarlos wieder über seinen Fuß und ging zur Schaukel. Dort setzte ich ihn in den Sitz, doch er machte sich steif wie ein Brett, und ich musste seine kurzen Beine durch die Löcher ziehen. Er hing ganz schief in dem Gestell, es sah verkehrt aus. Ich holte ein Kissen und stopfte es ihm in den Rücken.

Huiiii, sagte ich, als die Schaukel auf mich zusauste, huiiii.

Er lächelte vorsichtig.

Huiiii, sagte ich und stieß ihn ein wenig fester an.

Als er aufhörte zu lächeln und einfach nur dasaß, hob ich ihn wieder heraus und ließ ihn ein paar Blätter von einem Busch zupfen. Am entferntesten Ende des Gartens wuchsen Brombeeren. Die meisten waren vertrocknet, aber ich fand eine gute und hielt sie ihm vor den Mund. Er sah mich an.

Brombeere, sagte ich und zerdrückte sie zwischen den Fingern, damit er den Saft probieren konnte.

Nachdem ich ihn ins Bett gebracht hatte, versuchte ich erfolglos, eine Internetverbindung herzustellen. Die Infomappe zum Haus lag in einem Brotkorb auf dem Küchentisch, und der Gedanke, diejenige zu sein, die es zum Laufen brachte, war verlockend.

Am anderen Ende der Leitung konnte ich hören, wie jemand einen Schluck von etwas trank. Ich schilderte die Situation.

Überprüfen Sie den Router, sagte er, ist er eingeschaltet? Das müsste so eine Box hinter dem Fernseher sein.

Ich erwiderte, er würde leuchten.

Aber auch grün?

Ja, antwortete ich.

Dann könne er auch nichts tun. Dafür sei er nicht zuständig, vielleicht sei es irgendeine Störung an einem Sendemast oder Satelliten. Sie hörten Radio dort im Büro, es klang gemütlich.

Vielen Dank für die Hilfe, sagte ich und hoffte, er konnte sich denken, dass ich es nicht ernst meinte. Auf dem Fußboden kletterten zwei Fliegen aufeinander herum, mal war die eine oben, dann die andere, und so flogen sie unbeholfen einen knappen Meter zusammen und landeten erneut. Als ich gerade den Fernseher einschalten wollte, begann der Kleine erneut zu weinen. Ich öffnete die Tür zum abgedunkelten Schlafzimmer.

Schschsch, flüsterte ich und steckte die Decke um ihn herum fest, du sollst schlafen. Er sah mich mit klaren, dunklen Augen an, ehe er sich abwandte und sie wieder schloss. Ich bereitete eine Flasche vor und packte den Rucksack mit Windeln und Feuchttüchern, dann rief ich Danny an.

Um zehn vor elf sah ich das Auto auf einem Hügelkamm auftauchen und wieder verschwinden, ehe es sich uns näherte, größer und mit Ton. Der Kleine war unzufrieden, so lange im Kinderwagen gelegen zu haben, und ich fror. Der Wind pfiff durch die Knopflöcher meines Mantels.

Sorry, rief er und sprang aus dem Auto, wir haben echt Stress da unten.

Was ist, wenn wir wieder nach Hause müssen?

Dann fahre ich euch einfach zurück, das ist kein Problem.

Ich erwiderte nichts. Danny nahm den Kleinen hoch und setzte ihn in den Kindersitz. Den Kinderwagen hatten wir uns von Dannys Schwester ausleihen dürfen, sie hatte zwei Mädchen, die schon größer waren. Ich stand da und starrte den Wagen an, ich hatte noch nie versucht, ihn selbst zusammenzuklappen.

Du ziehst die da zurück, sagte er und gestikulierte, und drückst das nach unten, dann faltet sich das Gestell zusammen.

Der Kleine wurde noch wütender, als er in den Kindersitz sollte. Er spannte den ganzen Körper an und gab einen zornigen Schrei von sich. Endlich spürte ich, wie die Metallstangen nachgaben und ineinanderglitten.

Steig ein, sagte Danny. Wir heizten durch die leere Landschaft. Normalerweise hätte ich ihn gebeten, langsamer zu fahren. Weit unter uns konnte ich die Bucht und den Hafen sehen, wo sie arbeiteten. Ein Kran schwenkte über den Kai und langsam wieder zurück. Das Gefühl, dass nichts wirklich existierte, war den ganzen Morgen in mir gewachsen und entfaltete sich nun in meinem Gehirn wie eine Blüte. Hör doch auf, sagte ich mir selbst, aber ich konnte nicht.

Ruf mich dann einfach an, sagte Danny und rollte den Rand seiner Mütze so weit nach unten, dass der Waschzettel zum Vorschein kam. Er trabte mit den Händen in der Tasche zur Baustelle. Ich konnte Timothy sehen, der mit einem der Handwerker sprach. Er winkte Danny zu und deutete in Richtung des Bauwagens. Ich blieb eine Zeit lang mit dem Kleinen auf dem Arm stehen, dann legte ich ihn in den Wagen und ging dorthin, wo Danny mir die Hauptstraße gezeigt hatte.

Man brauchte eine knappe Viertelstunde bis zum Stadtzentrum. Die Häuser waren niedrig und entweder weiß oder senfgelb gestrichen, in den meisten Fenstern standen Zimmerpflanzen und Kerzenständer. Ich ging in eine Buchhandlung und blätterte in einigen Kochbüchern. Mit ihren bunten Fotos und den Versprechen von lebhaften Tischgesellschaften haben sie immer einen aufmunternden Effekt auf mich. Die Dame im Laden beschäftigte sich mit dem Kleinen. Ich wartete, bis sie sich wieder aufgerichtet hatte, dann reichte ich ihr das Buch.

Ich nehme dieses hier, sagte ich.

Das ist sogar im Angebot, es kostet nur fünfzig.

Das hatte ich gar nicht gesehen, sagte ich.

Sie fragte, ob sie es einpacken solle, und ich sagte Ja.

Dort, wo sich die beiden Straßen der Fußgängerzone kreuzten, war ein Platz mit einer Kirche, zu der auch ein Garten mit Kieswegen und Blumenbeeten gehörte. Ein niedriger Zaun trennte den Garten vom übrigen Platz. Ich schob den Kinderwagen einmal ringsherum, durch das Tor und zum Eingang. Die Holztür öffnete sich automatisch, wie bei einem Laden. Drinnen war niemand zu sehen, und ich blieb im Vorraum stehen, weil ich mir nicht sicher war, ob man das Kirchenschiff mit dem Wagen betreten durfte.

Hallo, sagte eine Frau, die von irgendwo weiter hinten auftauchte. Sie war groß und hatte eine zerzauste Frisur, die ich nicht mit einer Kirche in Verbindung gebracht hätte. Kann ich Ihnen helfen?

Wir gucken nur.

Tun Sie das, sagte sie und platzierte einen Stapel Faltblätter auf einem Tisch zwischen zwei großen Kupferleuchtern. Die Kerzen hatten lange, weiche Dochte. Sie rückte die Broschüren gerade.

Das ist das Programm für Oktober.

Wir sind nur zu Besuch, sagte ich, wir wohnen in Kopenhagen.

Sie betrachtete den Kleinen, unternahm aber keinen Versuch, ihm ein Lächeln zu entlocken.

Unabhängig davon haben wir morgen Vormittag um elf hier in der Kirche eine Baby-Liederstunde, sagte sie und reichte mir ein Faltblatt vom Stapel.

Anschließend trinken wir Kaffee zusammen, das ist immer sehr nett. Sie sind beide herzlich willkommen. Unten am Hafen war kein Mensch zu sehen. Die Bagger standen mit geöffneten Türen in der Sonne. In den Rillen der Raupenketten klebte getrocknete Erde. Ich ging um die Absperrung herum und zum Bauwagen. Durch das Fenster konnte ich sehen, wie sie dicht nebeneinander über einen Laptop gebeugt standen. Timothys Hand ruhte zwischen Dannys Schulterblättern. Er deutete auf den Bildschirm und sagte etwas, woraufhin Danny eifrig nickte. Dies war ihr bislang größter Kunde, und sie wollten unbedingt alles richtig machen.

Was Danny betraf, hatte sich sein Streben nach Höherem erst allmählich entwickelt, er war lange damit zufrieden gewesen, einfach nur Zimmermann zu sein. Aron und er hatten zusammen gearbeitet, seit sie als Vierzehnjährige entdeckten, dass sie ihre Körper auch anders einsetzen konnten, als sich auf dem Skateboard die Knochen zu brechen. Wie sich herausstellte, zahlten die Leute gut für die unermüdliche Ausdauer, mit der ein junger Mann, der gern sein eigenes Geld verdienen möchte, fast jede Tätigkeit erledigen kann. Die beiden rodeten Gärten und schliffen Böden ab, glätteten Wände und verputzten sie neu. Es gab keine Aufgabe, die sie nicht gegen Bezahlung ausgeführt hätten. Später machten sie eine Ausbildung und jobbten für verschiedene Firmen, ohne deswegen die Schwarzarbeit am Wochenende aufzugeben. In dem Sommer, als ich sie kennenlernte, arbeiteten sie gerade in einer Villa im Norden von Kopenhagen. Wie immer lief es gut, bis der Auftraggeber Aron eines Tages beschuldigte, einen teuren Füller gestohlen zu haben. Der stritt es hartnäckig ab, und Danny hielt zu ihm. Ich fand nie genau heraus, wie es weiterging, jedenfalls sahen sie ihren Lohn für die Arbeit dieses halben Sommers nie, und Danny war außer sich. Diese Geschichte brachte ihn dazu, die Schwarzarbeit aufzugeben; und eines Abends erklärte er, er wolle eine weiterführende Ausbildung machen. Aron erzählte mir später, der Füller sei nicht das Einzige gewesen, was er eingesteckt habe, und bei Weitem nicht das Wertvollste.

Ich klopfte an die geöffnete Tür. Tim sah auf und grüßte, ohne seine Irritation zu verbergen.

Danny, sagte ich.

Er blickte mich an, als könnte er mein Gesicht nicht gleich einordnen.

Wollt ihr jetzt zurück?

Ja, antwortete ich und ging los zu den Autos.

Hinter mir konnte ich hören, wie Timothy versuchte, lustig zu sein. Meinetwegen sollte er sich betrinken und ins Meer stürzen und irgendwann im Frühjahr wieder angespült werden, wie die, von denen man ab und zu hörte, die nur noch anhand ihrer Zähne identifiziert werden können.

Guck mal, da oben, sagte ich, Möwen.

Der Kleine machte seine unbekümmerten Spuckebläschen.

Ich putzte Lauch, entsorgte die Schalen und grünen Teile aus der Spüle, schälte Kartoffeln und würfelte sie und brachte alles in einem Topf mit Hühnerbouillon zum Kochen. Als sich der angenehme Duft im Wohnzimmer ausbreitete, schaltete ich den Herd aus und trug den schweren Topf in den Garten. Ich war ihnen nichts schuldig. Die Suppe landete mit einem Geräusch im Gras, als würde sich jemand übergeben. Ich zertrampelte die Kartoffeln mit der einen Socke und spürte, wie die Wärme durch die Wolle drang. Die Wellen in der Ferne hatten Schaumkronen. Den Topf, glänzend und plump, ließ ich im Gras liegen.

Ich hatte es schon so oft getan, die Finger wussten genau, was jetzt kam. Der weiche Sauger, der mit einem Plopp aus dem Plastikring gedrückt wurde, das abgekochte, abgekühlte Wasser und sechs gestrichene Löffel von dem cremefarbenen Pulver, dann schütteln. Ich wurde nicht mehr traurig, wenn ich den Milchersatz in ihm verschwinden sah, ich schaffte es sogar, in Gedanken den Kühen zu danken. Keiner hatte mir erklären können, woran es lag. Am Tag nach der Geburt begann der Milcheinschuss, und meine Brüste fühlten sich an wie Sandsäcke, die mir jemand um den Hals gehängt hatte. Der Kleine saugte, wie er sollte, sein Zungenband war nicht verkürzt, und trotzdem verlor er an Gewicht. Wir fuhren mit dem schwachen, gelblichen Säugling zurück ins Krankenhaus und wurden mit Milchpulver und der Anweisung, in der Apotheke eine elektrische Milchpumpe zu mieten, nach Hause geschickt. Als ich am selben Abend die Plastikhauben anlegte und versuchte, die Milch abzupumpen, kamen nur zehn wässrige Millimeter heraus. Ich weinte, weil ich mein Kind hatte hungern lassen, und ich weinte, weil ich mich vom rhythmischen Vakuumzug der Pumpe an meinen Brustwarzen gedemütigt fühlte. Danny tröstete mich, so gut er konnte. Ich bin davon überzeugt, dass er zu keiner Zeit die Tiefe meiner Verzweiflung verstand.

Ich hatte den Kleinen auf mir einschlafen lassen, und jetzt bewegte er sich beim Geräusch des Motors und dem Scheinwerferlicht, das durch das Zimmer schweifte. Er hustete, als ich ihn in das Bett legte, wachte jedoch nicht auf. Meine Oberschenkel brannten von der Wärme seines Körpers.

Sitzt du einfach nur hier?, fragte Danny und

machte die Lampe über dem Esstisch an. Timothy strampelte seine Sicherheitsschuhe ab und verschwand im Bad, ohne zu grüßen.

Habt ihr schon gegessen?, fragte ich.

Er zog seine Mütze über meine Ohren.

Ich wiederholte die Frage, setzte die Mütze jedoch nicht ab.

Wir haben in der Stadt was gegessen.

Ich lauschte der Dusche und musste mir Timothy nackt und nass vorstellen. Danny holte zwei Bier aus dem Kühlschrank und reichte mir eins. Ich hatte den ganzen Tag nichts anderes gegessen als eine halbe Packung Rosinenkekse und ein paar Ricola, die ich in einer Küchenschublade gefunden hatte. Das Bier kribbelte in meinem Mund. Dann fiel mir meine Einladung wieder ein.

Kannst du uns morgen wieder in die Stadt fahren?

Er kniete vor dem Stuhl und legte seinen Kopf auf meinen Schoß, wie es der Labrador meiner Eltern auch immer getan hatte. Sein Haar war stumpf vom Baustaub.

Mm, sagte er.

Timothy hatte ein hellgraues Joggingset angezogen und glich einem ungeliebten Kind. Sein Haar war zu einem niedrigen Pferdeschwanz zusammengebunden. Er hängte seine Arbeitsklamotten über eine Stuhllehne und sah mich an.

Frierst du?

Nein, das war nur Danny, sagte ich und nahm die Mütze ab. Mein Pony hob sich elektrisch.

Timothy schenkte sich ein Glas Cola ein und ließ sich auf das Sofa fallen. Er erkundigte sich nach meinem Tag und wie ich die Stadt fände und wie es dem Kleinen ergangen sei. Er klang falsch wie eine Schlange, und ich antwortete so knapp, wie ich es mir erlauben konnte.

Die Pfarrerin sah von ihrem Stuhl hinter dem Flügel zu, wie sich die Frauen auf ihren Plätzen einrichteten und ihre Kinder vor sich auf dünne Schaumstoffmatten legten, die auf dem Boden vor dem Altar ausgelegt worden waren. Ich blieb auf halbem Weg im Mittelgang stehen und wartete auf ein Zeichen. Ich fühlte mich schrecklich unwillkommen. Keine der anderen Mütter hatte sich vorgestellt oder gefragt, wer ich war, und ich konnte mir nicht vorstellen, dass sie mich nicht gesehen hatten. Jetzt drehte die Pfarrerin uns den Rücken zu und schlug einige Akkorde an, und die Frauen verstummten. Es erschien mir zu dramatisch, genau in diesem Moment wieder zu gehen, deshalb suchte ich mir einen freien Platz neben einer mageren, schwarzhaarigen Frau. Zwischen ihren ausgestreckten Beinen lag ein schwarzer Junge mit ein paar weichen Locken auf dem Kopf.

Hallo, sagte sie, euch kennen wir noch nicht, oder?

Ich wollte antworten, aber das Präludium war vorbei, und jetzt sangen sie *Im Osten geht die Sonne auf*. Ihre Stimmen waren klar und voll, wir formten mit den Händen eine Sonne über unseren Kindern. Es war sehr berührend. Ich musste die Lippen fest zusammenpressen, um die Tränen zurückzuhalten. Danny und ich waren uns einig gewesen, unseren Sohn nicht taufen zu lassen, es hatte gar nicht zur Debatte gestanden. Danny war richtig konfirmiert worden, ich hatte nur eine Feier und mir Geld gewünscht.

Und aus deinem Paradies, sangen wir, und die Pfarrerin stand auf. Heute trug sie eine Bluse und einen Rock. Ihre knochigen Knie und ihr athletischer Körper erinnerten mich an einen Transvestiten, der mir zu Hause ab und zu begegnete, wenn ich spazieren ging.

Ich wollte nur kurz erwähnen, dass wir heute Besuch haben. Therese ist hier, weil ihr Mann gerade beruflich in der Gegend zu tun hat.

Einige aus dem Sitzkreis murmelten etwas, und die Pfarrerin fuhr fort: Gestern hat sie mit ihrem Sohn in der Kirche vorbeigeschaut. Ich freue mich sehr, dass ihr meine Einladung angenommen habt.

Herzlich willkommen, sagte die dünne Frau, ich heiße Pernille.

Die Willkommensrede der Pfarrerin machte mich schwindelig, ich wurde mir meiner selbst bewusst. Ich konnte mich nicht erinnern, wann ich zuletzt im Zentrum von so viel Aufmerksamkeit gestanden hatte.

Nehmen Sie sich bitte ein Tuch, sagte die Pfarrerin.

Die Frauen griffen ganz selbstverständlich zum Haufen in der Mitte, einige nahmen sich selbst, andere reichten auch ihrer Nachbarin eins. Beides wirkte aus irgendeinem Grund berechnend. Ich kitzelte und küsste den Kleinen, wenn der Text es vorgab. Als wir mit den Tüchern fertig waren, ging die Pfarrerin mit einem Xylophon umher. Vor jedem Kind spielte sie dasselbe Intervall. Die beiden Töne stiegen silbrig zur gewölbten Decke empor. Wir sangen zwei weitere Kirchenlieder, dann war die Zeit um.

Kommen Sie mit zum Taufbecken, sagte die Pfarrerin. Die drei Frauen, die am nächsten saßen, standen auf und setzten ihre Kinder auf den Beckenrand. Wir anderen stellten uns hinter ihnen an. Die Pfarrerin drehte eine Plastiktüte um und schüttete bunt gefärbte Federn in die Granitschale. Pink und blau und gelb bedeckten sie die Füße der Babys. Und dann begann sie zu singen, eine Art Hymne, monoton und feierlich. Die Frauen stimmten ungeniert ein. Als das nächste Grüppchen Babys kam, griff die Pfarrerin eine Handvoll Federn heraus und ließ sie zurück in die Schale schweben. Die ganze Zeit sangen wir, selbst die, die schon zusammenpackten, summten weiter. Es dauerte nicht lang, bis ich das Lied auch auswendig kannte.

Jetzt sind wir an der Reihe, Pernille griff meinen Arm und zog mich schwesterlich nach vorn. Es war kein unangenehmes Gefühl, nur ungewohnt. Wir hoben unsere Kinder hoch, der Anblick der Federn brachte den Kleinen zum Lachen, aber die Pfarrerin verzog keine Miene.

Das Gemeindehaus lag auf der anderen Seite des Platzes zwischen einem Klamotten- und einem Farbenladen. Wir gingen gemeinsam hinüber. Im Freien sah ich, dass Pernilles natürliche Haarfarbe hellblond oder sogar rot sein musste. Ihre Stirn war sommersprossig, der schwarze Zopf trocken und stumpf von zu vielen Färbungen im eigenen Badezimmer. Sie war auch älter, als ich zunächst gedacht hatte. Als ich noch die achte Klasse besucht hatte, war sie schon nach Kopenhagen gezogen, um auf die Hotel- und Restaurantfachschule zu gehen. Dann lernte sie ihren Exmann kennen, wurde mit ihrer ersten Tochter schwanger, und sie zogen wieder nach Jütland. Schlag auf Schlag. Sie hatten es nicht geplant, es war einfach passiert. Damals hätten sie ja gedacht, es wäre für immer, wie sie sagte.

Und du?

Ich arbeite eigentlich für ein Reisebüro, sagte ich, verkaufe den Leuten Pakete. Wir helfen ihnen dabei, sich eine Urlaubsreise zusammenzustellen, und sie können sich an uns wenden, wenn sie unterwegs Probleme bekommen.

Vermisst du den Job?

Ja, antwortete ich.

Wenn mich die Leute nach meiner Elternzeit fragten, antwortete ich immer, es sei anstrengend, aber auch wirklich schön. Nie langweilig oder einsam, nie so, als würde man auf einer Luftmatratze sitzen und zusehen, wie das Leben dort drüben am Strand immer kleiner und kleiner wird.

William geht ab nächster Woche zu einer Tagesmutter, was ist mit –

Aron.

Aron. Habe ich noch nie gehört. Ist das ein nordischer Name?

Er ist nach einem Freund von Danny benannt.

Das übliche Echo im Bauch. Eine sich ausbreitende Sehnsucht beim Gedanken an sein Gesicht.

Ach. Da hat er sich bestimmt gefreut, oder?

Pernille hielt mir die Tür auf und folgte mir dann in die Eingangshalle.

Er weiß es nicht. Er ist zwei Monate vor der Geburt gestorben.

Sie erschauderte.

Das tut mir leid.

Ich nickte, und sie sagte nichts mehr.

Der Kleine war von Danny, daran bestand kein Zweifel, man musste ihn nur ansehen. Anfangs machte mich das unglücklich, obwohl ich wusste, dass es besser so war. Wenn ich Fotos von Aron betrachtete, dachte ich, ich hätte es vorhersehen müssen. Sein Blick war unversöhnlich, er hatte keinerlei Geduld mit dem, was ihm gegeben worden war. Wenn wir anschließend nebeneinanderlagen, schläfrig und ohne uns zu schämen, bat ich ihn, mir von seiner Kindheit auf dem Land zu erzählen oder von den Frauen, mit denen er im Bett gewesen war, wie sie ausgesehen haben und was er mit ihnen gemacht hatte. Keiner von uns erwähnte jemals Danny, es war eine Frage des Respekts. Stattdessen erzählte er. Von seinem Kunstlehrer, der seinen Hund erschossen und sich das leblose Tier auf den Schoß gelegt hatte, ehe er sich selbst erschoss. Er beschrieb, wie es in einer kubanischen Ausnüchterungszelle roch, und erinnerte sich noch an die Namen der amerikanischen Spielsüchtigen, die in der Wettbürozentrale in Costa Rica anriefen, wo er innerhalb kurzer Zeit zum Teamleiter aufgestiegen war. Ab und zu riefen auch die Ehefrauen an und flehten ihn weinend an, ihre Männer daran zu hindern, noch mehr Geld auf unwichtige Basketballspiele zu setzen. Aron tröstete sie mit derselben wunderbaren Stimme, die auch ihre Ersparnisse in einem sinnlosen Loch verschwinden ließ.

Wie soll ich das erklären? Er war ein unstetes Glück in meinem Leben, voller Licht. Heute kann ich eine große Dankbarkeit beim Gedanken daran empfinden, dass wir uns so lange gleichzeitig auf der Welt befanden und immer recht nah beieinander. Als ich ihn das letzte Mal sah, hatten wir keinen Sex, ich litt unter einer beginnenden Beckenringlockerung, und mir war übel. Wir saßen in seiner Einzimmerwohnung, sahen *Good Will Hunting* und aßen das grüne Curry, das ich selbst geholt hatte, aber nicht herunterbekam. Ab und zu legte ich die Hand auf meinen harten Bauch. Ich hatte ihm erzählt, dass das Kind laut der Hebamme mittlerweile die Größe einer Netzmelone hatte, darüber lachte er. Dieses Obst sei ein besonders passender Maßstab. Vier Tage später wurde Danny von Arons kleinem Bruder angerufen. Arons Herz hatte nach einer Überdosis von irgendetwas ausgesetzt, Speed vielleicht, ich hörte nicht genau hin. Ich fuhr nicht mit hinaus nach Hvidovre und ging auch nicht zur Beerdigung.

Es gab zwei verschiedene Kuchen und Brot, Scheibenkäse und Schinken und eine Schale mit geschnittenem Obst und Karottenschnitzen, aber keinen Kaffee. Der Stapel mit Tellern stand unangerührt auf dem Tisch, die Frauen waren damit beschäftigt, ihre Babys zu füttern. Ich legte Aron auf dem Boden ab und begann sein Fläschchen zu machen. Neben mir saß ein unansehnliches Kind mit einem länglichen Gesicht und verschmierte Leberwurstbrothappen auf der Tischplatte.

Also wirklich, Alberte, sagte ihre Mutter.

Das Mädchen nahm eines der kleinen, grauen Vierecke zwischen Daumen und Zeigefinger und führte es zum Mund, um anschließend so mit der Hand auf den Tisch zu hämmern, dass die anderen Stücke hochflogen und auf dem Boden landeten. Die Mutter zog sie vom Stuhl und legte sie auf den Boden neben den Kleinen. Alberte robbte auf den Armen voran und zog den Unterkörper hinter sich her wie eine Gelähmte. Was auch immer ich in der Kirche gespürt hatte, war nicht mehr da. Ich wollte gerade zusammenpacken – das Fläschchen konnte ich ihm auch im Café oder unten im Bauwagen geben –, als die Pfarrerin mit einer Thermoskanne in jeder Hand in der Tür stand.

Anscheinend haben sie in dieser Etage das Wasser abgestellt, zum Wickeln müsst ihr also nach oben.

Sie erblickte mich und hielt eine der Kannen hoch.

Kaffee?

Sie schenkte zwei Tassen ein, kam herüber und setzte sich zwischen mich und Albertes Mutter. Keine von uns sagte etwas, wir sahen die Babys an, die sich auf dem blauen Linoleum annäherten. Die Pfarrerin deutete auf die Teller: Greift einfach zu.

Ich bedankte mich und legte eine Scheibe Weißbrot auf eine Serviette. Danny behauptete, mein Körper hätte sich nicht verändert. Du bist toll, sagte er. Genauso fest wie damals, als ich dich kennengelernt habe. Ich wusste, dass Letzteres gelogen war. Immer, wenn ich nieste, sickerte ein Tropfen Urin mit heraus, das war vorher nicht passiert. Aber vielleicht spürte er wirklich keinen Unterschied? Bei Danny wusste man nie genau. Aron hatte meinen neuen Körper nicht mehr zu sehen bekommen. Er hatte ihn vorher gesehen, und er hatte ihn gesehen, als er warm und geweitet war. Aber vor dem hier, diesem Breiten und Traurigen, das mein Körper nach der Geburt bekommen hatte, war er verschont geblieben.

Ich schmierte mir ein Käsebrot, die Pfarrerin trank ihren Kaffee und fragte mich über die Arbeit unten am Hafen aus. Eigentlich wusste ich nicht viel darüber, antwortete aber, so gut ich konnte.

Irgendwann musste Pernille aufgestanden und gegangen sein, ohne dass ich es bemerkt hatte.

Unter einer Markise holte ich den Regenschutz hervor und breitete ihn über den Kinderwagen. Ich knöpfte meinen Mantel bis oben zu und zog die Ärmel meines Pullovers über die Finger, dann ging ich in Richtung Baustelle durch die Stadt.

Die Maschinen waren in Betrieb, aber ich konnte keinen Menschen sehen. Der Wind hatte aufgefrischt, und eine besonders große Welle schleuderte das Wasser mehrere Meter weit auf den Kai. In den Fenstern des Bauwagens brannte Licht.

Therese!

Sie stand mit einer Einkaufstüte in der Hand hinter mir. Unter der fest geschnürten Kapuze war nur ein kleiner Ausschnitt ihres Gesichts zu erkennen.

Habe ich doch richtig gesehen, dass du es bist. Seid ihr auf dem Weg nach Hause?

Ich deutete auf den Bauwagen.

Ich wollte gerade zu meinem Freund gehen, damit er mich zurückfährt.

Soll ich mitkommen?

Wenn du willst.

Laute Musik schallte heraus. Ich musste zweimal anklopfen, ehe die Tür geöffnet wurde. Timothy kam auf Socken, hinter ihm auf dem Klapptisch stand eine Palette Dosenbier. Ich stellte Pernille vor.

Danny ist gerade unterwegs, sagte er, ehrlich gesagt habe ich keine Ahnung, wann er zurückkommt.

Dann warten wir solange. Gibt es hier irgendwo einen Ort, wo wir die Jungs hinstellen können?

Es dauerte einen Moment, bis Timothy verstand, was ich meinte.

An der Südseite ist es windgeschützt, sagte er.

Wir parkten die beiden Kinderwagen und stiegen über den Tritt ins Warme. Pernille sah sich neugierig um und öffnete den Reißverschluss ihrer Daunenjacke.

So was hab ich noch nie von innen gesehen, sagte sie.

Möchtet ihr etwas trinken? Wir haben Tee und Kaffee.

Serviert ihr auch Bier?, fragte Pernille mit einer Version ihrer Stimme, die sie offenbar nur für Männer reserviert hatte.

Timothy zog zwei weitere Bierdosen aus der Verpackung.

Prost, sagte ich, und wir tranken. Der Wind ließ die dünnen Wände wackeln und irgendetwas anderes anhaltend quietschen. Das eine Babyfon schepperte. Ich musste mein Gesicht in die rechte obere Ecke des Fensters klemmen, um die beiden zu sehen. Es war ein ermutigender Gedanke, dass dort draußen im Sturm zwei Babys lagen und schliefen. Ich machte mir keine Gedanken. Danny hatte eine Schwäche für unerwarteten Besuch. Wenn sich eine Gelegenheit ergab, gemütlich und spontan zu sein, ergriff er sie fast immer.

Der Schichtleiter klopfte an und schlug vor, die letzten Arbeiten am Fundament auf den nächsten Tag zu verschieben. Bei dem Wetter habe es keinen Sinn. Das sei nix, wie er sagte, ehe er die Tür hinter sich zufallen ließ und William weckte. Pernille ging hinaus, um ihn zu holen. Ich saß gut gelaunt und ziemlich betrunken auf Dannys Schoß. Es war ganz plötzlich gekommen. Tim räumte die durchweichten Pizzakartons zusammen und stopfte sie in den bereits überquellenden Mülleimer. Danny hustete, und ich tat so, als wollte ich mich bequemer hinsetzen, dabei wollte ich in Wirklichkeit spüren, wie er unter mir hart wurde. Ich fühlte mich angespannt und leicht, wie wenn man den ganzen Tag nichts gegessen hat und zu einem Fest geht.

Aron schläft wie ein Stein, sagte Pernille und zog ihrem schlaftrunkenen Baby die Mütze vom Kopf.

Ich nickte und war nicht in der Lage, etwas anderes als dumpfe Erregung zu empfinden.

Ist sein Vater schwarz?, fragte Timothy

Grün ist er jedenfalls nicht, sagte Pernille, wir

waren nur einmal im Bett. Da hatten die Leute endlich was zu reden.

Das ist der Vorteil daran, in Kopenhagen zu wohnen, sagte ich, dort interessiert so was niemanden.

Pernille lächelte. Vielleicht beim Gedanken an jenen Mann, dessen Sohn sie jetzt in dem alten Fischerort durch die Gegend schob.

Hast du gar nicht überlegt? Danny verschränkte seine Hände vor meinem Bauch, und ich spürte seine Erektion von hinten am Oberschenkel.

Ich wollte immer gerne mindestens drei Kinder, sagte Pernille und zog ihr T-Shirt hoch, und durch einen Schlitz im Stoff tauchte eine sommersprossige Brust auf. William gab einen merkwürdigen Laut von sich und schloss seinen Mund um die Warze. Mit der freien Hand zwickte er sie mechanisch am Hals. Pernille sprach weiter über ihre Nachbarn, die gedacht hatten, sie und ihr Ex wären wieder zusammengekommen. Sie hatte sie bis zu dem Tag in dem Glauben belassen, als sie mit dem hellbraunen Neugeborenen im Arm vorbeigeschaut hatte. In diesem Moment fiel mir mein Defekt wieder ein, und ich spürte, wie das champagnerleichte Gefühl meinen Körper in einem niederträchtigen Sog wieder verließ. Die Milch.

Danny, sagte ich, wir müssen jetzt fahren. Ich habe nicht genug Milchpulver mitgenommen.

Er hob mich hoch und setzte mich auf meinen eigenen Stuhl.

Jetzt schläft er doch gerade.

Es ist über vier Stunden her, dass er zuletzt etwas bekommen hat.

Willst du ihn wecken und fahren?

Er kann meine Linke haben, sagte Pernille.

Als keiner reagierte, wiederholte sie ihr Angebot.

Ich produziere zu viel. Ich habe sogar schon überlegt, den Überschuss zu verkaufen, aber das war mir zu kompliziert. Wusstet ihr, dass das geht? An die Neugeborenenstationen, meine Kusine hat das bei ihrem Zweiten auch gemacht.

Timothy sah sie an, als wäre sie ein gefährliches, aber seltenes und elegantes Insekt.

Das musst du entscheiden, sagte Danny.

Das ist wirklich nett von dir, setzte ich an –

Früher war es ganz normal, dass man die Kinder der anderen gestillt hat. Das hat mir meine Hebamme erzählt.

Pernille sah mir nicht in die Augen. Ihre Wangen glühten, und ich brachte es nicht über mich, sie in Verlegenheit zu bringen. Sie wollte uns einen Gefallen tun.

Dann lass es uns einfach versuchen, sagte ich aufmunternd, das Schlimmste, was passieren kann, ist wohl, dass er sie nicht nehmen will.

Nachdem er eine Weile frustriert geweint hatte, verstand der Kleine, was wir von ihm wollten, und trank verblüfft.

Na also!, flüsterte Danny.

Selbst Tim schien erleichtert auszuatmen. Mein Sohn trank mit geschlossenen Augen. In seiner rechten Hand knautschte er die Stoffwindel, die ich ihm immer als Schmusetuch mit ins Bett gab. Pernille sagte nichts, sie griff ihre Brust und drückte sie zusammen, das schwarze Haar fiel ihr in die Augen. Ich saß mit William da, der robuster und schwerer war als Aron. Versuchsweise steckte ich die Nase in seine dunklen Locken: Er roch nach nichts Bestimmtem. Ich war nicht mehr betrunken, nur träge und dumm vom Bier. Die Milch floss zu schnell für den Kleinen, er kam gar nicht hinterher, ich konnte hören, wie er Luft schluckte. Ein wenig lief über, seine Wange entlang und ins Ohr hinein. Dann endlich zog er seinen Kopf zurück und japste.

Pernille sah auf, ihr Gesichtsausdruck wirkte verbissen. Der Kleine jammerte und zappelte.

Willst du ihn nehmen, während er sein Bäuerchen macht?, fragte sie und streckte ihn mir entgegen, aber ich konnte meine Hände nicht bewegen, die über Williams aufgeblähtem Bauch verschränkt waren. Ihre Brust hing über den Rand des bhs wie ein leerer Handschuh.

Ein Augenblick, der mir seither unverzeihlich vorkommt, verstrich. Dann nahm Danny ihn entgegen und klopfte ihm zwischen die Schulterblätter, bis die Luft seinen Mund mit einem feuchten Laut verließ und er sich beruhigte. Ich reichte William wieder an Pernille zurück und bedankte mich mehrmals hintereinander für ihre Hilfe.

Auf der Rückfahrt überließ ich Danny das Reden, denn ich fürchtete, das, was in meinem Hals feststeckte, würde herauskommen, wenn ich den Mund öffnete. Der Kleine spielte mit einer Wasserflasche, er lachte beim Anblick des kleinen Schlucks, der von einem Ende zum anderen schwappte. Ich musste an den Topf denken, der wie ein Amulett in der Dunkelheit unter dem Brombeerbusch glänzte. Wenn ich mich konzentrierte, konnte dieses Bild den Anblick der steifen, triumphierenden Brustwarze überdecken.

Trotz seines Deckengewölbes und der Möbel wirkte der Raum im Sonnenschein unordentlich und gewöhnlich. Die Pfarrerin saß hinter ihrem Schreibtisch, ihr Blick war freundlich, aber sie schien mich nicht wiederzuerkennen.

Ja?

Ich hoffe, ich störe nicht, sagte ich.

Sie waren gestern hier, sie schob ihre Brille ins

Haar hinauf, Sie sind Arons Mutter. Entschuldigen Sie, es kommen so viele Menschen zu mir. Nicht heute, aber normalerweise. So viele Namen und Gesichter. Therese – guten Tag.

Ich schwieg und wusste nicht, wohin mit mir.

Wie kann ich Ihnen helfen?

Ich hatte mich darauf vorbereitet, Danny anzulügen und auf meinen Spaziergang zur Kirche. Ich hatte mir vorgestellt, wie ich das Büro der Pfarrerin fand, anklopfte und eintrat. Jetzt blieb mir nichts anderes mehr übrig, als zu fragen.

Ich wollte mich erkundigen, ob es möglich ist, einen Segen zu empfangen.

Ja, sagte die Pfarrerin, möchten Sie sich nicht setzen?

Ich setzte mich in einen gepolsterten Sessel, umklammerte die Armlehne und stemmte meine Sohlen fest in den Boden.

Es geht um jemand anderen, sagte ich.

Die Pfarrerin schob die Papiere zusammen, über denen sie gerade gesessen hatte, und legte sie an den Rand des Tischs. Es waren mit dem Computer geschriebene Seiten voller roter Streichungen, Pfeile und Kommentare am Rand.

Und wer braucht Ihrer Meinung nach eine Segnung?

Mein Sohn, antwortete ich.

Ihr Sohn.

Ja.

Und warum braucht Aron eine Segnung?

Hinter ihr auf der breiten Fensterbank stand ein Papyrus mit trockenen gelben Spitzen. Der Raum strahlte eine Art Verlassenheit aus, als hätte jemand nach langer Zeit erstmals wieder die Gardinen aufgezogen und die Heizung angestellt und sich in Ruhe hingesetzt.

Das ist schwer zu erklären.

Die Pfarrerin beugte sich über die Tischplatte.

Sie sollten es aber versuchen.

Ich schwieg.

Wo ist Aron jetzt, Therese?

Er steht draußen und schläft, ich deutete zur Tür, direkt davor.

Sie stand auf und verließ den Raum. Kurz darauf kehrte sie sichtlich beruhigt wieder zurück.

Ist er krank?

Ich schüttelte den Kopf.

Weiß Ihr Mann, dass Sie hier sind?

Danny hat mich hergefahren.

Wenn Sie von einem Segen sprechen, Therese –

Ich möchte, dass er vor dem Teufel beschützt wird.

Das Wort fühlte sich komisch im Mund an, wie eine Spielzeugpistole.

Können Sie mir etwas über den Teufel erzählen? Was will er?

Ich überlegte.

Hinein. In das Kind, meine ich, er möchte eindringen. Aron ist nicht getauft oder so. Es gibt nichts, was ihn beschützt.

Sie sind seine Mutter. Sie beschützen ihn.

Ich schüttelte den Kopf.

Es gibt jemanden, den ich so vermisse, dass ich fast verrückt werde. Er ist tot, fügte ich hinzu.

Die Pfarrerin betrachtete ihre Hände, ballte sie und streckte die langen Finger wieder aus, als wollte sie die Durchblutung anregen. Verstand sie, dass ein Kind in diesem Alter ungeschützte Eingänge hat, dass es Löcher gibt, die man stopfen muss?

Sie haben sicher schon von meiner Geschichte gehört, dass ich auf der Straße gelebt habe.

Nein, erwiderte ich erschrocken, das habe ich nicht gewusst.

Normalerweise ist es das Erste, was man über mich erzählt. Hinter meinem Rücken natürlich. Deshalb hatte ich angenommen, dass es Ihnen auch jemand gesagt hätte. Jetzt klinge ich, als wäre ich paranoid. Es ist lange her, vielleicht habe ich inzwischen endlich verdient, dass es ein bisschen in Vergessenheit gerät, sie lächelte, aber es stimmt, dass ich einige Jahre verloren war. Als meine Tochter in eine Pflegefamilie kam und wir aus der Wohnung geworfen wurden, bin ich so weit weggezogen, wie es nur ging. Ich war nicht erfinderischer als die meisten anderen.

Das tut mir leid, sagte ich und versuchte, mir die Pfarrerin so vorzustellen: verwahrlost, verzweifelt. Es war nicht sehr schwer. Vielleicht wollte sie mich nicht mit meiner Scham allein lassen, vielleicht waren Pfarrerinnen aber auch einfach so.

Was ich sagen will, ist, dass das Böse so viele Formen annehmen kann, und deshalb erkennt man es nicht immer, bevor es zu spät ist. Sie sollten sich keine Vorwürfe machen, Therese, lassen Sie das um alles in der Welt sein. Erzählen Sie mir stattdessen von dem Menschen, den Sie verloren haben.

Auf der anderen Seite des Fensters, draußen auf dem Platz, gingen die Leute vorbei, als wäre die Kirche ein Gebäude wie jedes andere. Sie setzten sich an die wackeligen Cafétische und nahmen nichts anderes wahr als das gute Wetter. Die Pfarrerin ließ mich reden, ohne mich zu unterbrechen, und erst als ich bei der Beerdigung angekommen war, fragte sie, ob ich es bereut hätte, nicht mitgefahren zu sein.

Irgendwie, sagte ich, hätte ich gerne gehört, wie Danny seine Rede hielt.

Am Abend vor der Beerdigung las er sie mir laut vor. Es war eine gute Rede, lustig und nicht zu sentimental, und zum ersten Mal seit Langem spürte ich eine Nähe zu etwas Wesentlichem in ihm, zu dem, in das ich mich verliebt hatte: das Aufrechte und Treue und dennoch ein wenig Schlichte in seinem Charakter. Aron war das Einzige, was ich gehabt hatte, das nicht zu Danny gehörte, und dann war er weg. In vielerlei Hinsicht war es so leichter. Meine Lust, etwas in Brand zu stecken, verschwand, und ich begann ernsthaft, mich darauf zu freuen, dass wir eine Familie wurden.

Während ich erzählt hatte, war die Pfarrerin zusammengesunken, jetzt richtete sie sich auf und beugte sich über den Tisch.

Sie haben ihn geliebt.

Sehr.

Lieben Sie Ihren Mann?

Ich nickte.

Auf eine andere Weise. Beides war gleichzeitig da, und so ist es immer noch. Und dann natürlich der Kleine.

Sie waren sehr großzügig mit Ihrer Liebe. Früher hätte man Sie vielleicht promiskuitiv genannt. Das bedeutet eigentlich nur ›außerhalb der Ordnung‹, das Unordentliche, Gemischte. Das ist an sich kein Urteil, sondern eine Zustandsbeschreibung. Und das gilt für viele Dinge, es lohnt sich, darüber nachzudenken. Im Übrigen glaube ich, dass er wach ist?

Wir spitzten die Ohren, und tatsächlich. Weit weg, am anderen Ende des Kirchenschiffs, ertönte Arons dringliches klares Weinen. Ich stand auf und eilte hinaus, um ihn zu holen, aufgeregt beim Gedanken daran, was folgen würde.

Das Kirchenschiff roch nach Stein und Staub und etwas ganz eigenem Dritten. Die Pfarrerin trat aus ihrem Büro. Sie hatte ihr bodenlanges Gewand über die Alltagskleidung gezogen, und die Halskrause stand steif und weiß von ihrem Hals ab. Auf diese Weise war sie bescheiden und ernst, viel *echter*. In der linken Hand trug sie die Bibel und hielt sie mit einem Zeigefinger geöffnet.

Es wird nirgends vermerkt werden, sagte sie, als ich mit Aron im Arm an das Taufbecken trat, ich hoffe, damit sind Sie einverstanden.

Hauptsache, es wirkt.

Was auch immer das heißt, sagte sie.

Am Tag vor unserer Abreise hatten wir, wie es oft so der Fall ist, das schönste Wetter unseres gesamten Aufenthalts. Die Sonne schien seit dem frühen Morgen, und wären die orangebraunen Blätter und der kühle Schatten nicht gewesen, hätte man sich einen Spätsommertag vorstellen können.

Ich hatte Aron in den Wagen gelegt und war den Weg hinuntergegangen, um mich von den Kühen zu verabschieden. Er war sofort eingeschlafen, und weil ich vor allem ihm eine Freude damit hatte machen wollen, drehte ich schon am Bauernhof wieder um und ging zum Haus zurück, um beim Packen zu helfen.

Als ich gerade in den Kiesweg eingebogen war, der hinter dem Nachbarhaus entlangführte, sah ich über die niedrige Hecke hinweg Timothy. Er stand am Ende des Gartens. Der Wind hob seinen dunklen Pferdeschwanz und fächerte ihn über seinem Rücken auf, er weinte, dass er bebte. Danny betrachtete ihn von einem Gartenstuhl auf der Terrasse. Sein Körper war in einer gequälten Entschlossenheit gefangen, als würde er sich dazu zwingen, das volle Ausmaß eines schweren Unfalls mit anzusehen. Ich blieb stehen, sie hatten mich nicht bemerkt. Timothy verbarg sein Gesicht in den Händen, er wurde ein letztes Mal von einem Schluchzen geschüttelt, dann machte er eine resignierte Armbewegung und verschwand wortlos an Danny vorbei ins Haus.

Der Kleine schlief ungestört weiter. Der Schnuller war aus seinem runden Mund gefallen, jetzt lag er von Spucke glänzend auf seiner Decke. Seit der Segnung floss das, was mir so lange verklumpt und stockend vorgekommen war, frei und ohne Misstöne zwischen uns. Eine von Begehren befreite Verliebtheit. Ich betrachtete meinen Sohn und wurde umgehend von einer Ruhe erfüllt, die alles andere ausschloss. Timothy und Danny hatten sich in den vergangenen Wochen wie Schatten am Rande meines Bewusstseins bewegt, ich beachtete sie nicht. Wenn sie morgens losfuhren, hatte ich bereits vergessen, dass es sie gab. Ich freute mich sogar darauf, wenn das Auto hinter den Hügeln verschwand und Aron und ich in der Stille zurückblieben, dem Haus und dem Garten und uns selbst überlassen. Ich wäre nie auf die Idee gekommen, dass die beiden in den Stunden, die sie gemeinsam verbrachten, irgendetwas Außergewöhnliches taten. Trotzdem ergab es einen Sinn. So wie man manchmal, noch während man *wie bitte* fragt, in seinem inneren Ohr bereits deutlich hört, was der andere gerade gesagt hat, verstand ich in dem Moment, dass Timothy sich verliebt und Danny es zugelassen hatte.

Danny, der sich nicht bewegt hatte, schreckte beim Geräusch einer zufallenden Tür zusammen. Ich stand da und sah, wie er aufstand und mit steifen Schritten ins Haus ging. Statt den Kinderwagen unter das Vordach zu stellen, wie ich es geplant hatte, machte ich kehrt und ging wieder zurück in Richtung Meer. An einem Holunder, der mir schon früher aufgefallen war, weil sein Stamm aussah, als wäre er wie ein Lappen von zwei starken Händen ausgewrungen worden, schob ich den Wagen an den Wegrand und setzte mich in das gelbe Gras, um zu warten. Das Einzige, was ich ihnen geben konnte, war ein bisschen Zeit.

Wenn ich jetzt darüber nachdenke, glaube ich, es lässt sich am besten so erklären: Für eine kurze Zeit im Oktober waren wir alle vier glücklich. Ich habe keine Ahnung, ob es so hätte weitergehen können.

Niemals

Wonach du sehnlich ausgeschaut,
Es wurde dir beschieden.
Du triumphierst und jubelst laut:
Jetzt hab ich endlich Frieden!

Ach, Freundchen, rede nicht so wild,
Bezähme deine Zunge!
Ein jeder Wunsch, wenn er erfüllt,
Kriegt augenblicklich Junge.

SIMON FROEHLING

Sagen können

Klar fragt man sich, denkt Fredy, was man gewollt haben könnte, so richtig, wirklich gewollt. Sich rückblickend sehnlichst gewünscht haben könnte. So in fünfzehn, zwanzig Jahren, wenn es, zumindest der Statistik nach, dann wirklich dem Ende zugeht. Falls das Schicksal kein Ass aus dem Ärmel schüttelt und die Statistik übertrumpft. Aber solange der Trumpf nicht Krebs heißt, oder ähnlich grausam, und solange es schnell geht, wenn es schon früher sein muss, ein Bus vielleicht – Zack! und aus –, ein Hirnschlag oder fataler Herzinfarkt, natürlich am liebsten im Schlaf.

Genug mit den dunklen Gedanken!

Fredy geht in die Hocke und fährt mit dem Zeigefinger über die raue, graubraune Steinplatte, die am Kopfende des Massengrabs entlangläuft, wie er die leicht erhöhte und von majestätischen Bäumen gesäumte Wiese ganz hinten auf dem Friedhof Sihlfeld seinem Tichu-Grüppli gegenüber im Scherz genannt hatte. Offiziell heißt der Ort, der seit rund einer halben Stunde hochoffiziell auch seine letzte Ruhestätte sein wird, Gemeinschaftsgrab Sihlfeld D. Die etwa zehn Meter lange Platte ist zu rund einem Drittel voll mit Namen, fein säuberlich eingraviert, wie auch seiner eingraviert sein wird:

Fredy Löb, 1959–

Die zweite Zahl, die da stehen wird, kennen nur die Götter des Schicksals und der Statistik, denkt er. Und dass er einen Rabatt hätte verlangen sollen für die Gravur seines doch sehr kurzen Namens.

Das könne man?, hatten sich die Tichu-Freunde erstaunt gezeigt. Das eigene Begräbnis noch zu Lebzeiten organisieren?

»Schweiz, halt«, hatten die Freunde gesagt. «Aber warum?«, hatten sie gefragt.

»Na, damit ihr euch ordentlich aufs Trauern konzentrieren könnt und gefälligst auf nichts anderes«, hatte er geantwortet. »Spielen wir?«

Aber in Wahrheit will er schlicht verhindern, dass eine besonders emsige Cousine oder irgendein übriggebliebener Onkel postum irgendwelche Entscheidungen für ihn trifft. Wie das bei Hugo mit dessen Schwester geschehen war, die zu Lebzeiten aufgrund seines »Arrangements« mit Fredy nichts von ihrem Bruder hatte wissen wollen, aber am Tag nach dessen Tod aus dem verhasstem Niederbipp (»Nur schon der Name!«) nach Zürich gerauscht gekommen war und verfügt hatte, Hugo gehöre zum Ätti und zur Mère in die Niederbipp'sche Familiengruft.

Das Gemeinschaftsgrab erfreue sich immer größerer Beliebtheit, hatte Frau Aebischer vom Friedhofsbüro gesagt. »Soll ich ihnen die Ruhestätte zeigen, bevor wir uns an die Formalitäten machen?«

»Das ist nicht nötig«, hatte er geantwortet. Er kenne die Ecke und gehe nachher allein kurz vorbei.

Als sei er bereits tot und wolle sich selbst und ungestört Blumen bringen. Wobei ein Blumenstrauß schön gewesen wäre – für seinen geliebten Loetscher, der gar nicht allzu weit weg lag, wie er auf dem Herweg mit Freude festgestellt hatte.

»Gib's zu, du magst ihn hauptsächlich, weil er heißt wie ich«, hatte sein eigener Hugo jeweils gewitzelt, wenn Fredy am Erscheinungstag eines neuen Loetscher'schen Werks in die Buchhandlung geeilt und danach direkt aufs Sofa zugesteuert war.

Oder besser, zwei Blumensträuße. Denn der Sensenmann, ganz offensichtlich ein Freund der Ironie, hatte orchestriert, dass »die alte Schwuppe«, wie sein Lebens-Hugo den Schriftsteller-Hugo genannt hatte, neben Emilie Lieberherr zu liegen gekommen war.

»Die verkappte Lesbe«, hätte sein Hugo die Lieberherr wohl genannt, die beinahe siebzig Jahre lang mit einer gewissen Minnie Rutishauser zusammen gewesen war. Rein platonisch, wie sie einmal gegenüber der *Weltwoche* gesagt hatte, als man die *Weltwoche* noch lesen konnte, was Fredy und Hugo regelmäßig taten, mit Vorliebe am Sonntagmorgen im Bett oder auf dem Balkon. Immer wenn einer von ihnen fertig war mit einem interessanten Artikel, tauschten sie Publikationen aus: *Weltwoche* gegen *WoZ*, *WoZ* gegen *Das Magazin*.

»So spricht man nicht über die Toten«, hört sich Fredy seinen Hugo jetzt schelten und ihn daran erinnern, was die Schweiz, und insbesondere die Stadt Zürich, der Sozialdemokratin alles zu verdanken habe. »Frauenstimmrecht. Konsumentenschutz. Von der Drogenpolitik ganz abgesehen. Das Elend am Platzspitz und beim Letten, du erinnerst dich?« Fredy ist tatsächlich wütend geworden, merkt er. Seine Gedanken viel zu laut in der leise raschelnden Blätterstille.

4800.– Kremation ohne Aufbahrung, 400.– Beisetzung im Gemeinschaftsgrab, 400.– optionale Namensinschrift, amtliche Publikation gratis.

Um sich abzulenken, rechnet Fredy aus, wie viele Cumulus-Punkte ihm sein Begräbnis eingebracht hätte, wenn er die ganze morbide Angelegenheit mit seiner Migros-Kreditkarte hätte bezahlen können.

»Vorauskasse bieten wir leider nicht an«, hatte Frau Aebischer gesagt. »Wir erheben lediglich einen sogenannten Vorsorgebetrag von 380.– Franken für die Bestattung. Dieser wird natürlich verrechnet, wenn das Ereignis eintritt.«

»Also mein Tod?«

»Auf den Vorsorgebetrag wird ein jährlicher Zins gewährt«, ignorierte Frau Aebischer seine Bemerkung. »Wobei der Zinssatz maximal demjenigen eines Sparkontos bei der Zürcher Kantonalbank entspricht.«

Sie schien das ganze Merkblatt, das sie Fredy hinstreckte, auswendig zu können.

»Ich rate Ihnen, ein Grabkonto zu eröffnen«, fügte sie an, »und die Unterlagen zusammen mit der Bestattungsvereinbarung als Anhang zu ihrem Testament an einem sicheren Ort aufzubewahren.«

1865 – auf so viele Cumulus-Punkte kommt Fredy, da er pro drei Franken, die er außerhalb der Supermarktkette ausgibt, einen Punkt erhält, und für 1500 Punkte gibt es wiederum einen Einkaufs-Bon im Wert von 15 Franken.

Zusätzlich zur Garantie für die Beisetzung in diesem »oder einem ähnlichen, erst zu erstellenden Gemeinschaftsgrab im Friedhof Sihlfeld«, wie es in der *Vereinbarung über die Bestattungswünsche* heißt, hätte er also eine gute Mahlzeit bekommen, wenn er den Einkauf haushälterisch geplant hätte – und seit seiner Pensionierung plant er jeden Einkauf haushälterisch. Nicht weil er sonderlich aufs Geld schauen muss, sondern weil ihm die Planung und die Rechnerei Spaß bereiten.

Henkersmahl, denkt er und merkt, wie hungrig er ist.

Genau drei Wochen ist sie her, seine Pensionierung. Der Abschieds-Apéro in der Oepfelchammer soll diesen Freitag stattfinden, vorher hatte es aufgrund der städtischen Frühlingsferien nicht allen Mitarbeitenden seiner Abteilung gepasst. Die Oeli, wie er als Habitué sagt, hat er selbst ausgesucht, ebenso sein Abschiedsgeschenk, einen silbernen Kugelschreiber von Caran d'Ache mit eingraviertem Namen. Die bebilderte Liste möglicher Pensionspräsente hatte eines Morgens auf seinem Schreibtisch gelegen. Er hatte nur ankreuzen müssen.

Gravur über Gravur, denkt Fredy, die Hand noch immer auf der Steinplatte, die warm geworden ist unter seiner Haut, und fühlt sich plötzlich alt.

Was soll er bitte schön mit dem Geschenk? Wo er kaum mehr etwas zu Papier bringt vor lauter Handy. Aber was hätte er sonst auswählen sollen? Ein Damen-Foulard von Andi Stutz? Eine SBB-

Uhr? sbb-Gutscheine hätte er genommen, für sein Generalabonnement, aber es standen keine zur Auswahl. Und einfach das Geld einzuheimsen, ebenfalls eine Möglichkeit, hatte Fredy billig gefunden.

Wenigstens war der Kugi keine Überraschung gewesen, denn er hasste Überraschungen, und Geschenke waren im Grunde nichts anderes.

Ich bin wunschlos glücklich – bitte keine Gaben, schreibt er in jede Geburtstagseinladung, solange er sich erinnern kann. In die Karten früher und die Emails heute. Immer mit dem Zusatz, dass Spenden an die Stiftung Zürcher Lighthouse willkommen seien, sollte jemand Geld loswerden wollen ... IBAN: CH40 0900 0000 8000 1633 5.

Vielleicht sollte er wieder zu händischen Einladungen übergehen, jetzt, wo er Zeit hat, wie ihm vor allem seine jüngeren Freunde ständig vor Augen führen.

»Was machst du den ganzen Tag?«, fragen sie. »Wird dir nicht langweilig?«

»Langeweile ist besser als ihr Ruf«, antwortet er jeweils lapidar. Denn es muss niemand wissen, dass er aus dem Organisieren nicht mehr herauskommt, seit er an jenem Mittwoch vor drei Wochen hätte ruhig und ausgeglichen aufwachen sollen.

Diese Begriffe ... *Zur Ruhe gesetzt. Ruhestand. Ruhestätte. In Frieden ruhen.* Schönfärberei alles!

Noch in den Schlafshorts sortierte er seinen Kleiderschrank aus, mottete Anzüge ein, trennte die Unterhosen von den Socken, die bislang zusammen in einer Schublade gelebt hatten. Danach kamen sein kleines feuchtes Kellerabteil und der Estrich an die Reihe. Er optimierte, schichtete um, entsorgte. In der Folgewoche kaufte er sich das Generalabonnement und nahm sich vor, innert Jahresfrist in jeder Kantonshauptstadt zu Mittag gegessen zu haben. Er fing mit A wie Aarau und Appenzell an, dann kamen B wie Basel und Bern. Zwischendurch ordnete er die Dateien auf seinem Laptop, erstellte logischere Ordner-Hierarchien und recherchierte verschiedene Cloud-Anbieter, damit er endlich eine Backup-Lösung haben würde, insbesondere für die vielen Tausenden Fotos.

Nur an ihren Büchern, Hugos und seinen, gab es nichts zu rütteln. Sie hatten alle ihren festen Platz in den beiden Regalen, die er vor vielen Jahren während einer Rotstiftwoche bei Möbel Pfister mit 50 Prozent Rabatt erstanden hatte, als die alte und ohnehin hässliche Wohnwand zu klein geworden war – unterteilt in Sachbücher aller Sprachen und in deutsche, englische und französische Belletristik, natürlich alphabetisch.

Die einzige Ausnahme bildeten die paar Bücher, die Hugo damals ins Lighthouse mitgenommen hatte und die nun auf dem Sideboard neben dem Sofa lagen: *Amour fou* von André Breton in der deutschen Übersetzung, Raymond Carvers letzter Gedichtband, *Ein neuer Pfad zum Wasserfall,* sowie zwei Romane von Walter Vogt und Loetschers *Der predigende Hahn,* wohl Fredy zuliebe und obwohl Hugo gewusst haben musste, dass er nie und nimmer –

Instinktiv fasst sich Fredy an den Hals, zwirbelt die dünne Goldkette mit Daumen und Zeigefinger in die eine, dann in die andere Richtung.

»Nimm sie mir ab«, hatte Hugo zwei Tage vor seinem Tod geflüstert. «Sie ist viel zu schwer. Sie piekst.«

Vorsichtig hatte Fredy den Verschluss geöffnet und die Kette unter Hugos Nachthemd hervorgezogen. Selber konnte sich sein Liebster kaum mehr die Schnabeltasse an den Mund führen, um zu trinken, konnte kaum mehr die Lippen öffnen, um zu sprechen. Seine vormals so vollen Lippen, die nun dünn waren und bläulich und die trocken blieben, deren Haut zerfetzt war, egal wie oft Fredy oder der pummelige Pfleger sie mit Vaseline einstrichen.

»Leg sie an.«

Es war Hugos letzte Bitte gewesen.

Schon lange hat ihn niemand mehr nach seinem

Sternzeichen gefragt, geht Fredy durch den Kopf. Er holte als Antwort immer die Kette hervor und hielt den goldenen Skorpion in die Höhe. In Wirklichkeit ist er Steinbock.

Vielleicht ist es an der Zeit, die Lighthouse-Bücher zu den anderen zu stellen. Aber wohin soll er dann mit dem Teddybären, der an den Stapel gelehnt auf dem Sideboard sitzt? Hugo hatte ihn bei seiner Ankunft in dem AIDS-Hospiz, das erste seiner Art in der Schweiz, von der Leitung geschenkt bekommen. Bis heute gibt es jedes Jahr vor Weihnachten eine große Spendenaktion am Hauptbahnhof mit den Bären. Fredy gibt immer großzügig, nimmt aber nie einen weiteren Teddy an.

Hugos Schwester, die das Hospiz erst betreten hatte, als ihr Bruder bereits tot war, hatte das Stofftier vom Nachttisch genommen, wo es neben der scheußlichen Schnabeltasse und Hugos Patek Philippe lag, die er zum 18. Geburtstag von seinem Vater bekommen hatte, als der noch nicht wusste, dass sein Sohn »einer von denen« war.

»Wie süß«, hatte die Schwester gesagt und dem Bären über den Kopf gestrichen. »An den erinnere ich mich gut. Ich war so neidisch, als Hugo ihn bekam. Und dann nie mit ihm spielte. Kein Wunder, sieht er aus wie neu.«

Worauf Fredy ihr den Teddy entrissen und aus dem Zimmer gestürmt war. Als er zurückkam, war die Schwester weg und die Uhr ebenso. Am selben Nachmittag wurde Hugos Leichnam abtransportiert. An die Beerdigung in Niederbipp im Kanton Bern fuhr Fredy nicht.

Das ist wohl das Einzige, was er bereut in seinem Leben – in ihrem gemeinsamen Leben: dass sie nicht daran gedacht hatten, ein Testament zu machen. Anfänglich waren sie so jung gewesen, so sorglos unterwegs, so kopflos. Herz- und schwanzgesteuert, in alle Richtungen. Aber ohne den anderen aus den Augen zu lassen. Nie.

Und dann war es – zum Glück, musste man im Nachhinein sagen –, so schnell gegangen mit dem Sterben.

Wieder so eine Schönfärberei, denkt Fredy, denn Hugo war, wie so viele, regelrecht verendet an der Seuche. Abgemagert bis auf die spitzen Knochen, sein Kopf plötzlich riesig wie der eines Säuglings, seine Haut spröde und gleichzeitig wächsern, wie zerknittertes Backpapier, und dann die purpurnen Flecken, das Kaposi-Sarkom – »der Lippenstift des Todes«, hatte Hugo gewitzelt –, das sich von seiner rechten Wange über den Hals, die Schulter, den Rücken entlang ausbreitete bis runter zu seinem Po.

Er wird Hugos Hospiz-Bücher lassen, wo sie sind.

Erst jetzt bemerkt Fredy die zwei Gym-gestählten Männer, beide bereits in kurzen Hosen und Träger-Shirts, die auf der Wiese eine Decke ausgebreitet haben und Picknicksachen aus den Staufächern des futuristisch anmutenden Kinderwagens holen, der neben ihnen steht.

Er muss sich an der Steinplatte abstützen, um aufzustehen, und wie erwartet schießt ihm ein scharfer Schmerz ins linke Knie. Es ist sein einziges Gebrechen, aber wenn es so weitergeht, wird er in die Operation einwilligen müssen, zu der ihn seine Ärztin seit zwei Jahren drängt.

Hugos drittletzte Bitte war schon fast ein Klischee gewesen.

»Such dir einen feschen Jungen, und erzähl ihm von mir.«

»Ja, Schatz. Mache ich, Schatz«, hatte Fredy mit der parodistischen Floskel geantwortet, die er jeweils gab, wenn Hugo versuchte, ihn im Haushalt herumzukommandieren.

Sie hatten beide gelacht.

Ungefähr zwei Wochen vor Hugos Tod war das gewesen, gleich nachdem sie ihn als einen der ersten Patienten – seine »Mitsterbenden«, wie Hugo sagte – ins Lighthouse umquartiert hatten, weil Fredy die Pflege neben der Arbeit nicht mehr allein schaffte.

Oder sie hatten ein Lachen versucht. Und dann war die Stimmung gekippt, als Hugo, ohne ihm in die Augen zu schauen, seine zweitletzte Bitte äußerte: »Lies mir das Fragment vor.«

»Welches Fragment?«

»Du weißt, welches. Das späte, von Carver.«

»Hugo ...«

»Lies es, bitte.«

Also hatte Fredy das Buch von Nachttisch genommen und hinten aufgeschlagen: *»Und – hast du bekommen ...«*, setzte er an.

»Lies weiter.«

»Und – hast du bekommen, was du haben wolltest von diesem ...« Fredys Stimme versagte.

»... was du haben wolltest von diesem Leben, trotz allem?«, half Hugo nach.

Fredy sammelte sich: *»Und – hast du bekommen, was du haben wolltest von diesem Leben, trotz allem?«*

»Ja, hab ich.«

»Und was wolltest du?«

»Sagen können, dass ich geliebt werde, mich geliebt fühlen ...«

»Schhhh«, machte Fredy. Schlug das Buch zu.

»Sagen können, dass ich geliebt werde ...«

»Bitte nicht.«

»... mich geliebt fühlen auf dieser Erde.«

»Bitte nicht.«

Fredy starrt weiterhin auf die beiden Männer, die nun zu essen begonnen haben – Crudités möglicherweise oder Tortilla-Chips, irgendetwas mit einem Dip. Wobei sie immer wieder aufstehen müssen, um das Kleinkind einzusammeln, das ständig davonkrabbelt.

Eigentlich hatte er direkt nach dem Friedhofsbesuch ins Bündnerland fahren wollen, nach Chur, der nächsten Destination auf seiner Zmittags-liste. Aber dafür ist es nun zu spät.

Egal, sagt er sich, das kann er morgen nachholen. Für heute hat er genug erreicht.

»Für heute und überhaupt«, flüstert er den riesigen Baumkronen zu. »Das Allergrößte, Allerschönste haben wir erreicht.«

»Was denn?«, raschelt es zurück.

»Du weißt schon: *Sagen können ...«*

Und dann entscheidet er sich, dass er trotzdem etwas essen sollte, auch wenn sein Appetit verschwunden ist. Damit er nicht umkippt, wenn er um 16 Uhr seine neue Grindr-Bekanntschaft, den wirklich sehr feschen Jonas, zum Kaffee trifft. Ein kleines Plättli oder so, zur Feier des Tages in der Oeli, da kann er gleich sicherstellen, dass alles bereit ist für den Apéro am Freitag. Anstatt am eigenen Grab zu stehen, sich rein gar nichts zu wünschen und deppert in die Landschaft zu lächeln.

PATRICIA HIGHSMITH

Die Heldin

Die junge Frau war so sicher, dass sie die Stelle bekommen würde, dass sie einfach mitsamt ihrem Koffer nach Westchester gefahren war. Nun saß sie in einem bequemen Sessel im Wohnzimmer der Christiansens, antwortete ernst auf die Fragen, die man ihr stellte, und sah mit ihrem dunkelblauen Mantel und dem Barett sogar noch jünger aus als einundzwanzig.

»Haben Sie schon einmal als Kindermädchen gearbeitet?«, fragte Mr. Christiansen. Er saß mit gefalteten Händen neben seiner Frau auf dem Sofa, die Ellbogen auf die Knie seiner grauen Flanellhose gestützt. »Haben Sie irgendwelche Empfehlungen?«

»Die letzten sieben Monate war ich Hausmädchen bei Mrs. Dwight Howell in New York.« Lucille sah ihn an, und ihre grauen Augen weiteten sich. »Wenn Sie es wünschen, könnte ich von ihr bestimmt ein Empfehlungsschreiben bekommen ... Aber als ich heute Morgen Ihre Anzeige las, wollte ich nicht warten. Ich wollte schon immer in einem Haushalt mit Kindern arbeiten.«

Mrs. Christiansen lächelte kaum merklich über den Eifer der jungen Frau. Sie nahm eine silberne Dose vom Sofatisch, stand auf und bot sie ihr an. »Möchten Sie eine?«

»Nein, danke. Ich rauche nicht.«

»Nun«, sagte Mrs. Christiansen und zündete sich eine Zigarette an, »wir könnten natürlich dort anrufen, aber mein Mann und ich halten mehr von unserem persönlichen Eindruck als von Empfehlungen. Was meinst du, Ronald? Du hast doch immer gesagt, dass du jemanden willst, der Kinder wirklich mag.«

Fünfzehn Minuten später stand Lucille Smith in ihrem Zimmer im Dienstbotenhaus hinter dem großen Haus und schloss den Gürtel ihrer neuen weißen Uniform. Sie legte ein wenig Lippenstift auf. »Du fängst noch mal von vorn an, Lucille«, sagte sie zu ihrem Spiegelbild. »Von jetzt an wirst du ein glückliches, nützliches Leben führen und alles vergessen, was früher war.«

Aber schon weiteten sich ihre Augen wieder, so sehr, als wollten sie diese Worte Lügen strafen. Wenn ihre Augen so groß wurden, hatten sie viel Ähnlichkeit mit denen ihrer Mutter, und die gehörte zu dem, was sie vergessen musste. Sie musste sich auch abgewöhnen, die Augen so aufzureißen, denn dann sah sie überrascht und sogar unsicher aus, und beides ging nicht, wenn man mit Kindern zu tun hatte. Ihre Hand zitterte, als sie den Lippenstift hinlegte. Sie machte wieder ihr normales Gesicht und strich vorn über die gestärkte Uniform. Es gab nur ein paar Dinge, die sie sich merken musste, ein paar alberne Angewohnheiten wie die mit den Augen: Dass sie kleine Papierfetzen im Aschenbecher verbrannte oder manchmal die Zeit vergaß – Kleinigkeiten, die jedem mal passierten. Sie musste nur gut aufpassen, und mit der Zeit würden sich diese Marotten von allein legen. Denn sie war genau wie andere Leute (das hatte der Psychologe ihr doch gesagt, oder?), und andere Leute hatten mit so etwas überhaupt keine Schwierigkeiten.

Sie ging durch das Zimmer, setzte sich auf die Fensterbank unter den blauen Vorhängen und betrachtete den Garten und die Rasenfläche, die zwischen dem Dienstbotenhaus und dem großen Haus lag. Der Garten war länger als breit, in der Mitte befand sich ein Springbrunnen, und zwei gepflasterte Wege zeichneten ein schiefes Kreuz auf den Rasen. Dazwischen standen vereinzelte Bänke, etwa unter einem Baum oder in einer Laube, die aussah, als wäre sie aus weißer Spitze. Ein wunderschöner Garten!

Und das Haus war das Haus ihrer Träume. Ein weißes, zweistöckiges Haus mit dunkelroten Fensterläden, Türen aus Eichenholz, Türklopfern aus Messing, Riegeln, die sich auf Daumendruck öffneten ... Und weite Rasenflächen und Pappeln, so hoch und dicht nebeneinander, dass man nicht hindurchsehen konnte, sodass man nicht zugeben musste, ja nicht einmal glauben konnte, es könne irgendwo dahinter noch andere Häuser geben ... Das Haus der Howells in New York, das mit seinen Regenschlieren, den Granitsäulen und den vielen Ornamenten wie eine altbackene Hochzeitstorte zwischen anderen altbackenen Hochzeitstorten ausgesehen hatte ...

Unvermittelt stand sie auf. Das Haus der Christiansens wirkte frisch, freundlich und lebendig. Hier gab es Kinder. Dem Himmel sei Dank für die Kinder! Dabei hatte sie die noch gar nicht kennengelernt.

Sie eilte hinunter, ging auf dem Weg, der vor der Haustür begann, durch den Garten, blieb kurz bei dem Springbrunnen stehen und betrachtete den pausbäckigen Faun, der aus seiner Flöte Wasser in das Becken spie ... Wie viel wollten ihr die Christiansens bezahlen? Sie hatte es vergessen, und es war ihr auch egal. In einem solchen Haus hätte sie umsonst gearbeitet.

Mrs. Christiansen führte sie nach oben ins Kinderzimmer. Sie öffnete die Tür zu einem Raum, dessen Wände mit bunten bäuerlichen Motiven geschmückt waren, mit tanzenden Pärchen und Tieren und blühenden, knorrigen Bäumen. Es gab zwei Betten aus hellem Eichenholz, und der gelbe Linoleumboden war makellos sauber.

Die beiden Kinder lagen zwischen Bilderbüchern und verstreuten Buntstiften in einer Ecke auf dem Boden.

»Kinder, das ist euer neues Kindermädchen«, sagte ihre Mutter. »Sie heißt Lucille.«

Der kleine Junge stand auf, streckte ihr ernst eine verschmierte Hand entgegen und sagte: »Guten Tag.«

Lucille nahm die Hand und erwiderte den Gruß mit einem langsamen Nicken.

»Und das ist Heloise«, sagte Mrs. Christiansen und führte das Mädchen, das kleiner war als der Junge, zu Lucille.

Heloise sah auf zu der Frau in Weiß und sagte: »Guten Tag.«

»Nicky ist neun, und Heloise ist sechs«, sagte Mrs. Christiansen.

»Ja«, sagte Lucille. Sie bemerkte, dass das blonde Haar beider Kinder einen leichten Stich ins Rötliche hatte, genau wie bei ihrem Vater. Sie trugen blaue Latzhosen und keine Hemden, und ihre Rücken und Schultern unter den Trägern waren sonnengebräunt. Lucille konnte sich von ihrem Anblick gar nicht mehr losreißen. Es waren die perfekten Kinder in diesem perfekten Haus. Sie sahen sie offen an, ohne Misstrauen oder Feindseligkeit. In ihren Blicken las sie nur Zuneigung und kindliche Neugier.

»… und die meisten Menschen leben lieber draußen auf dem Land«, sagte Mrs. Christiansen gerade.

»O ja. Ja, Ma'am. Hier ist es viel schöner als in der Stadt.«

Mrs. Christiansen strich dem kleinen Mädchen mit einer Zärtlichkeit über den Kopf, die Lucille faszinierte. »Es ist gleich Zeit für ihr Mittagessen«, sagte sie. »Sie werden hier oben mit ihnen essen, Lucille. Möchten Sie Tee, Kaffee oder Milch?«

»Kaffee, bitte.«

»Gut. Lisabeth wird das Essen in ein paar Minuten hochbringen.« An der Tür blieb sie kurz stehen. »Sie sind doch nicht wegen irgendetwas nervös, Lucille?«, fragte sie leise.

»O nein, Ma'am.«

»Dazu besteht auch gar kein Grund.« Sie schien noch etwas hinzufügen zu wollen, lächelte aber nur und ging hinaus.

Lucille sah ihr nach und fragte sich, was es wohl war, das sie noch hatte sagen wollen.

»Du bist viel hübscher als Catherine«, sagte Nicky.

Sie drehte sich um. »Wer ist Catherine?« Lucille setzte sich auf ein Kissen, und als sie all ihre Aufmerksamkeit den Kindern zuwandte, die sie noch immer musterten, spürte sie, dass die Spannung in ihren Schultern nachließ.

»Catherine war unser voriges Kindermädchen. Sie ist wieder nach Schottland gegangen. Ich bin froh, dass du jetzt da bist. Catherine mochten wir nicht.«

Heloise hatte die Hände auf den Rücken gelegt und drehte sich hin und her, während sie Lucille betrachtete. »Nein«, sagte sie, »Catherine mochten wir nicht.«

Nicky starrte seine Schwester an. »Du darfst das nicht sagen! Das hab ich schon gesagt!«

Lucille lachte und legte die Arme um ihre Knie, und dann fielen Nicky und Heloise in ihr Lachen ein.

Ein farbiges Dienstmädchen trat mit einem dampfenden Tablett ein und stellte es auf dem hellen Holztisch in der Mitte des Zimmers ab. Sie war schlank und von unbestimmbarem Alter. »Ich bin Lisabeth Jenkins, Miss«, sagte sie schüchtern, während sie Papierservietten an die drei Plätze legte.

»Und ich heiße Lucille Smith«, sagte Lucille.

»Also, ich stelle es Ihnen hierhin, Miss. Rufen Sie einfach, wenn Sie noch irgendwas brauchen.« Sie ging hinaus. Ihre Hüften unter der blauen Uniform sahen schmal und fest aus.

Die drei setzten sich an den Tisch, und Lucille hob den Deckel der Servierplatte hoch. Darunter lagen drei mit Petersilie garnierte Omeletts, die im Sonnenlicht, das auf den Tisch fiel, gelb leuchteten. Doch zuvor musste sie die Tomatensuppe und dreieckig geschnittene und mit Butter bestrichene Toastscheiben austeilen. Ihr Kaffee war in einer silbernen Kanne, und jedes der Kinder bekam ein großes Glas Milch. Der Tisch war zu niedrig für Lucille, doch das machte ihr nichts aus. Es war so schön, einfach mit den Kindern hier zu sitzen, wo die Sonne warm und freundlich auf den gelben Linoleumboden, den Tisch und das gerötete Gesicht von Heloise fiel, die ihr gegenübersaß. Wie angenehm es war, nicht mehr im Haus der Howells zu sein! Dort war sie sich immer so unbeholfen vorgekommen. Hier dagegen machte es nichts, wenn sie den Deckel einer Schüssel fallen ließ oder die Saucenkelle auf einem Schoß landete. Über so etwas würden die Kinder nur lachen.

Lucille trank einen Schluck Kaffee.

»Willst du gar nichts essen?«, fragte Heloise, die den Mund bereits voll hatte.

Die Tasse entglitt Lucilles Hand, und die Hälfte des Kaffees floss über die Tischdecke, die glücklicherweise nicht aus Stoff, sondern aus Wachstuch war. Das konnte man mit einem Papiertuch abwischen – Lisabeth würde nichts merken.

»Du Schweinchen!«, rief Heloise lachend.

»Heloise!«, wies Nicky sie zurecht und holte ein paar Papiertücher aus dem Badezimmer.

Gemeinsam wischten sie den Kaffee auf.

»Dad lässt uns immer ein bisschen Kaffee trinken«, sagte Nicky, als er sich wieder auf seinen Stuhl setzte.

Lucille fragte sich, ob die Kinder den Zwischenfall ihrer Mutter gegenüber erwähnen würden. Sie spürte, dass Nicky ihr ein Geschäft anbot. »Tatsächlich?«, fragte sie.

»Er gibt einfach ein bisschen in unsere Milch«, fuhr Nicky fort. »Gerade so viel, dass sich die Farbe etwas verändert.«

»So?« Lucille goss etwas Kaffee aus der eleganten silbernen Kanne in die Milchgläser.

Die beiden Kinder schnappten vor Begeisterung nach Luft. »Ja!«

»Ma will nicht, dass wir Kaffee trinken«, erklärte Nicky. »Aber wenn sie es nicht sieht, gibt er uns immer ein bisschen, so wie du gerade. Dad sagt, ohne Kaffee wäre ihm der ganze Tag verdorben, und mir geht es genauso. Catherine hätte uns nie Kaffee gegeben, oder, Heloise?«

»Nie im Leben!« Heloise nahm einen großen, genießerischen Schluck aus ihrem Glas, das sie mit beiden Händen hielt.

Lucille spürte ein Glühen in sich aufsteigen, das schließlich ihr Gesicht erreichte und dort brannte. Kein Zweifel, die Kinder mochten sie. Sie dachte daran, wie oft sie in der Stadt während der drei Jahre, in denen sie als Hausmädchen bei verschiedenen Familien gearbeitet hatte (damals hatte sie gedacht, sie tauge für keine andere Arbeit), in einen Park gegangen war, nur um auf einer Bank zu sitzen und den Kindern beim Spielen zuzusehen. Doch die Kinder dort waren meist schmutzig gewesen und hatten schlimme Ausdrücke gebraucht, und sie selbst hatte sich immer ausgeschlossen gefühlt. Einmal hatte sie gesehen, wie eine Mutter ihr Kind ins Gesicht geschlagen hatte. Sie wusste noch, dass sie vor Schmerz und Entsetzen gleich davongelaufen war.

»Warum hast du so große Augen?«, wollte Heloise wissen.

Lucille zuckte zusammen. »Meine Mutter hatte auch große Augen«, sagte sie langsam und deutlich, als wäre es ein Geständnis.

»Aha«, sagte Heloise zufrieden.

Lucille zerschnitt langsam das Omelett, auf das sie keinen Appetit hatte. Ihre Mutter war jetzt seit drei Wochen tot. Seit drei Wochen, und doch kam es ihr so viel länger vor. Das lag daran, dachte sie, dass sie dabei war, all die hoffnungslose Hoffnung der vergangenen drei Jahre zu vergessen, die Hoffnung, ihre Mutter könnte im Sanatorium vielleicht doch noch genesen. Aber was für eine Genesung hätte das überhaupt sein können? Diese Krankheit war ja etwas Zusätzliches gewesen, etwas, was sie getötet hatte. Es war sinnlos gewesen, auf eine vollkommene Gesundheit zu hoffen, die ihre Mutter, wie Lucille wusste, nie gehabt hatte. Selbst die Ärzte hatten ihr das gesagt. Und sie hatten ihr noch andere Dinge gesagt, und zwar über sie selbst. Gute, ermutigende Dinge: dass sie so normal war, wie es ihr Vater gewesen war. Lucille sah in Heloise' freundliches Gesicht und spürte, wie das tröstliche Glühen zurückkehrte. Ja, in diesem perfekten Haus, abgeschlossen von der Außenwelt, konnte sie vergessen und von vorn anfangen.

»Möchtet ihr jetzt Pudding?«, fragte sie.

Nicky zeigte auf ihren Teller. »Du bist ja noch gar nicht fertig.«

»Ich war nicht sehr hungrig.« Lucille teilte ihren Nachtisch auf die beiden auf.

»Wir könnten jetzt rausgehen zum Sandkasten«, schlug Nicky vor. »Sonst gehen wir immer nur morgens, aber ich will dir unsere Sandburg zeigen.«

Der Sandkasten war hinter dem Haus, in einem Winkel, der von einem rechteckig angebauten Flügel des Gebäudes gebildet wurde. Lucille setzte sich auf die Holzeinfassung, während die Kinder begannen, wie emsige Zwerge Sand aufzuhäufen und festzuklopfen.

»Ich bin die gefangene Prinzessin!«, rief Heloise.

»Ja, und ich rette sie, Lucille. Du wirst sehen.«

Die Burg aus feuchtem Sand wuchs rasch. Sie hatte drei Türme mit Blechfähnchen, einen Burggraben und eine Zugbrücke, die aus dem mit Sand bestreuten Deckel einer Zigarrenkiste bestand. Lucille sah fasziniert zu. Im Geist hatte sie Brian de Bois-Guilbert und Rebecca vor Augen. Sie hatte *Ivanhoe* in einem Zug gelesen und dabei, genau wie jetzt, alles um sich herum vergessen.

Als die Burg fertig war, legte Nicky ein halbes Dutzend Murmeln knapp hinter die Zugbrücke. »Das sind die Guten, die hier gefangen sind«, verkündete er. Er stellte einen zweiten Zigarrenkistendeckel hochkant vor sie und häufte eine kleine Barriere aus Sand dagegen. Dann nahm er den Deckel weg. Der kleine Sandberg stand da wie ein Wall.

Heloise sammelte inzwischen kleine Steine vom Boden neben der Hauswand. »Wir schießen das Tor ein, und dann stürmen die Guten den Hügel runter und über die Brücke, und dann bin ich gerettet.«

»Nichts verraten! Sie wird schon sehen.«

Konzentriert schnippte Nicky die Steinchen vom Rand des Sandkastens gegenüber dem Burgtor, während Heloise ihm gegenüberhockte und sich mühte, die Schäden an der Burg zu reparieren, denn außer der gefangenen Prinzessin war sie auch die belagerte Armee.

Plötzlich hielt Nicky inne und sah Lucille an. »Dad kann mit einem Stock schießen. Er legt einen Stein auf das eine Ende und schlägt auf das andere. Das nennt man ein Katawult.«

»Katapult«, sagte Lucille.

»Mensch, woher weißt du das?«

»Das hab ich in einem Buch über Burgen gelesen.«

»Toll!« Nicky fuhr fort, Steinchen zu schnippen. Dass er das Wort falsch ausgesprochen hatte, war ihm peinlich. »Wir müssen die Guten da drinnen schnell befreien. Die sind dort gefangen, und wenn sie befreit sind, können sie mitkämpfen, und dann können wir die Burg *einnehmen.*«

»Und die Prinzessin befreien!«, fügte Heloise hinzu.

Lucille sah zu und wünschte sich eine echte Katastrophe, etwas Schreckliches, Gefährliches, das Heloise bedrohte, sodass sie sich zwischen das kleine Mädchen und den Angreifer werfen und ihren großen Mut und Aufopferungswillen beweisen könnte … Sie selbst würde dabei ernsthaft verletzt werden, vielleicht durch eine Kugel oder ein Messer, doch sie würde den Angreifer in die Flucht schlagen. Dann würden die Christiansens sie lieben und nie mehr fortschicken. Wenn jetzt plötzlich ein Wahnsinniger auftauchen würde, ein Mann mit blutunterlaufenen Augen, der unflätige Dinge sagte, würde sie sich keinen Augenblick lang fürchten.

Sie sah, wie die Sandmauer nachgab und der erste Soldat freikam und taumelnd den Hügel hinunterrollte. Nicky und Heloise jubelten. Die Mauer brach vollständig ein, und zwei, drei, vier Soldaten folgten dem ersten. Ihre Streifen wirbelten lustig über den Sand. Lucille beugte sich vor. Jetzt begriff sie: Sie war wie diese guten Soldaten, die in der Burg gefangen gewesen waren. Die Burg war das Haus der Howells in der Stadt, und Nicky und Heloise hatten sie befreit. Nun konnte sie lauter Gutes tun. Wenn doch nur etwas passieren würde …

»Au!«

Das war Heloise. Die beiden Kinder hatten nach derselben Murmel gegriffen, und Nicky hatte einen von Heloise' Fingern am Rand der Zigarrenkiste eingeklemmt.

Lucille nahm die Hand des Kindes. Ihr Herz klopfte, als sie das Blut sah, das in vielen winzigen

Tropfen auf der abgeschürften Haut erschien. »Ach, Heloise! Tut es sehr weh?«

»Sie sollte die Murmeln ja sowieso nicht anrühren!« Trotzig setzte sich Nicky in den Sand.

Lucille drückte ein Taschentuch auf den Finger und stützte Heloise, als sie mit ihr ins Haus ging. Sie hatte schreckliche Angst, Lisabeth oder Mrs. Christiansen könnten sie sehen. Sie führte Heloise in das Bad neben dem Kinderzimmer und fand im Medizinschränkchen ein Desinfektionsmittel und eine Mullbinde. Es war nur eine kleine Abschürfung, und Heloise hörte auf zu weinen, als sie sah, wie harmlos die Wunde war.

»Siehst du, es ist nur ein Kratzer«, sagte Lucille, aber damit wollte sie das Kind nur beruhigen. Für sie selbst war es kein kleiner Kratzer. Es war schrecklich, und es war am ersten Nachmittag passiert, an dem sie die Aufsicht über die Kinder hatte – eine Katastrophe, die sie nicht verhindert hatte. Immer wieder wünschte sie sich, die Verletzung möge an ihrer eigenen Hand und doppelt so schlimm sein.

Heloise lächelte, als sie sich den Verband anlegen ließ. »Bitte bestraf Nicky nicht«, sagte sie. »Es war ja keine Absicht. Er ist beim Spielen bloß manchmal ein bisschen wild.«

Doch Lucille hatte nicht vor, Nicky zu bestrafen. Sie wollte sich selbst bestrafen, sie wollte einen

Stock nehmen und sich die Spitze in die Handfläche stoßen.

»Warum machst du so mit deinen Zähnen?«

»Weil … weil ich dachte, ich tue dir weh.«

»Nein, es tut gar nicht mehr weh.« Heloise hüpfte aus dem Badezimmer. Sie sprang auf ihr Bett und lag auf der hellbraunen Tagesdecke, die Ecknähte hatte und bis zum Boden reichte. Ihr verbundener Finger sah vor der gebräunten Haut ihres Armes erschreckend weiß aus. »Wir müssen jetzt Mittagsschlaf machen«, sagte sie zu Lucille und schloss die Augen. »Bis bald.«

»Bis bald«, sagte Lucille und versuchte zu lächeln.

Sie ging hinunter, um Nicky zu holen. Als sie mit ihm die Treppe hinaufging, stand Mrs. Christiansen an der Kinderzimmertür. Lucille erbleichte. »Ich glaube, es ist nichts Schlimmes, Ma'am. Nur ein kleiner Kratzer vom Spielen im Sandkasten.«

»Heloise' Finger? Ach was, machen Sie sich keine Sorgen, meine Liebe. Sie haben ständig irgendwelche Kratzer. Das tut ihnen gut. Es macht sie vorsichtiger.«

Mrs. Christiansen ging ins Kinderzimmer und setzte sich auf den Rand von Nickys Bett. »Nicky, du musst rücksichtsvoller sein. Sieh nur, was für einen Schreck du Lucille eingejagt hast!« Sie lachte und fuhr ihm mit der Hand durch das Haar.

Lucille stand in der Tür. Wieder fühlte sie sich ausgeschlossen, diesmal aufgrund ihrer Unfähigkeit. Und doch – wie sehr unterschied sich diese Szene von denen, die sie in den Parks gesehen hatte!

Im Hinausgehen tätschelte Mrs. Christiansen Lucilles Schulter. »Bis zum Einbruch der Dunkelheit haben sie es wieder vergessen.«

»Einbruch der Dunkelheit«, flüsterte Lucille, als sie ins Kinderzimmer ging. »Wie schön das klingt!«

Während die Kinder schliefen, blätterte Lucille in einer Bilderbuchausgabe von *Pinocchio*. Sie liebte Geschichten über alles, irgendwelche Geschichten, vor allem aber Abenteuergeschichten und Märchen. Und neben ihr, auf dem Bücherbord der Kinder, standen Dutzende davon. Sie würde Monate brauchen, um sie alle zu lesen. Es machte nichts, dass sie für Kinder bestimmt waren, ja, ihr gefielen diese Bücher sogar noch besser, denn sie waren mit Bildern von hübsch gekleideten Tieren und lebendigen Tischen und Häusern und anderen Dingen illustriert.

Mit *Pinocchio* auf dem Schoß war sie von einem solchen Gefühl des Glücks und der Zufriedenheit erfüllt, dass sie darüber die Geschichte vergaß. Der Arzt im Sanatorium hatte sie ermuntert zu lesen und ihr auch gesagt, sie solle ins Kino gehen. »Seien Sie möglichst oft mit ganz normalen Menschen zusammen und denken Sie nicht an das, womit Ihre Mutter zu kämpfen hatte …« (»Das, womit Ihre Mutter zu kämpfen hatte« – so hatte er es damals umschrieben, doch vorher hatte er stets von »Veranlagung« gesprochen. Eine Veranlagung war etwas, was wie ein roter Faden durch die Generationen lief. Auch durch sie, hatte sie gedacht.) Lucille sah im Geist noch immer den Psychiater vor sich: Er hatte den Kopf ein wenig schräg gelegt und beim Sprechen die Brille in der Hand gehalten und war genau so, wie sie sich immer einen Psychiater vorgestellt hatte. »Dass Ihre Mutter diese Veranlagung hatte, bedeutet ja nicht, dass Sie nicht so normal wie Ihr Vater sein können. Sie sind eine intelligente junge Frau, Lucille … Suchen Sie sich eine Stelle auf dem Land … entspannen Sie sich … genießen Sie das Leben … Denken Sie nicht einmal mehr an das Haus, in dem Sie mit Ihren Eltern gewohnt haben … Nach einem Jahr auf dem Land …«

Das war vor drei Wochen gewesen, kurz nachdem ihre Mutter im Sanatorium gestorben war. Und was der Arzt gesagt hatte, stimmte. In diesem Haus gab es Liebe und Frieden, Kinder und Schönheit, und sie spürte bereits, dass sie die Widrigkeiten der Stadt abstreifte wie eine Schlange ihre alte Haut. Schon jetzt, nach einem halben Tag! In einer Woche

würde sie nicht mehr wissen, wie ihre Mutter ausgesehen hatte.

Mit einem glücklichen, geradezu verzückten Seuf-
zer wandte sie sich zum Bücherbord und zog wahl-
los sechs oder sieben hohe, dünne, bunt bebilderte
Bücher heraus. Eines legte sie aufgeschlagen und
mit dem Rücken nach oben auf den Schoß. Ein anderes schlug sie auf und lehnte es an ihre Brust. Sie
hielt die anderen Bücher in einer Hand, presste ihr
Gesicht in das *Pinocchio*-Buch und schloss halb die
Augen. Dann wiegte sie sich auf dem Stuhl langsam
vor und zurück und fühlte nichts anderes als Glück
und Dankbarkeit. Die Standuhr unten schlug dreimal, doch sie hörte es nicht.

»Was machst du da?«, fragte Nicky höflich, aber
neugierig.

Lucille nahm das Buch von ihrem Gesicht. Als ihr
die Bedeutung der Frage bewusst wurde, errötete
sie und lächelte wie ein glückliches, aber schuldbe-
wusstes Kind. »Ich lese«, sagte sie lachend.

Nicky lachte ebenfalls. »Du gehst aber ganz schön
nah an das Buch.«

»Ja«, sagte Heloise. Sie hatte sich aufgesetzt.

Nicky kam zu Lucille und betrachtete die Bücher auf ihrem Schoß. »Wir stehen um drei Uhr auf.
Liest du uns jetzt was vor? Catherine hat uns immer
bis zum Abendessen vorgelesen.«

»Soll ich euch *Pinocchio* vorlesen?« Lucille freute sich, dass sie vielleicht etwas von dem Glück, das sie nach den ersten Seiten des Buches erfüllt hatte, mit ihnen teilen konnte. Sie setzte sich auf den Boden, damit Nicky und Heloise die Bilder sehen konnten, während sie vorlas.

Die Kinder schoben die Köpfe immer wieder über das Buch, sodass Lucille manchmal gar nichts sehen konnte. Ihr war nicht bewusst, dass sie mit einem angespannten Interesse las, das sich den Kindern mitteilte, und dass dies der Grund war, warum ihnen die Geschichte so sehr gefiel. Zwei Stunden lang las sie ihnen vor, und die Zeit verging so rasch, als wären es zwei Minuten gewesen.

Kurz nach fünf brachte Lisabeth ihnen das Abendessen, und danach wollten Nicky und Heloise, dass Lucille ihnen bis um sieben Uhr, wenn sie zu Bett gingen, weiter vorlas. Bereitwillig griff sie zu einem neuen Buch, doch als Lisabeth das Tablett mit dem Abendessen holte, sagte sie zu Lucille, es sei jetzt an der Zeit, dass die Kinder badeten, und Mrs. Christiansen werde bald kommen, um ihnen gute Nacht zu sagen.

Mrs. Christiansen kam um sieben. Die beiden Kinder waren frisch gebadet, saßen in ihren Bademänteln mit Lucille auf dem Boden und waren in ein anderes Buch vertieft.

»Weißt du«, sagte Nicky zu seiner Mutter, »eigentlich hat uns Catherine diese Bücher ja schon vorgelesen, aber wenn Lucille liest, kommt es einem so vor, als wären sie ganz neu.«

Lucille errötete vor Freude. Als die Kinder in ihren Betten lagen, ging sie mit Mrs. Christiansen hinunter.

»Ist alles in Ordnung, Lucille? Vielleicht haben Sie noch Fragen zum Tagesablauf?«

»Nein, Ma'am. Nur … dürfte ich vielleicht einmal in der Nacht nach den Kindern sehen?«

»Aber wir wollen doch nicht, dass Sie Ihren Schlaf unterbrechen, Lucille. Das ist sehr fürsorglich, aber wirklich nicht nötig.«

Lucille sagte nichts.

»Und ich fürchte, die Abende werden Ihnen lang werden. Wenn Sie sich mal in der Stadt einen Film ansehen wollen, wird Alfred, unser Chauffeur, Sie gern fahren.«

»Danke sehr, Ma'am.«

»Dann also gute Nacht, Lucille.«

»Gute Nacht, Ma'am.«

Sie ging zur Hintertür hinaus und durch den Garten, wo der Springbrunnen noch plätscherte. Als sie die Hand auf den Griff ihrer Tür legte, wünschte sie, es wäre die Tür zum Kinderzimmer und es wäre bereits acht Uhr morgens und ein neuer Tag.

Dennoch war sie jetzt müde, angenehm müde. Wie schön es war, dachte sie, als sie das Licht löschte, abends richtig müde zu sein (dabei war es erst neun Uhr), anstatt hellwach und voller Tatendrang zu sein und wieder nicht schlafen zu können, weil man immer an die Mutter denken oder sich Sorgen über sich selbst machen musste … Sie dachte an einen Tag vor nicht allzu langer Zeit, als sie sich fünfzehn Minuten lang nicht auf den eigenen Namen hatte besinnen können und voller Panik zum Arzt gelaufen war.

Das war nun vorbei! Vielleicht würde sie Alfred sogar bitten, ihr ein Päckchen Zigaretten aus der Stadt mitzubringen – ein Luxus, den sie sich seit Monaten versagt hatte.

Ein letzter Blick aus dem Fenster hinüber zum Haus. Ab und zu bauschten sich die Vorhänge des Kinderzimmers und fielen dann wieder zurück. Der Wind in den nickenden Wipfeln der Pappeln klang wie freundliche Stimmen, wie das helle Auf und Ab von Kinderstimmen …

Der zweite Tag war wie der erste, nur dass es kein Unglück, keine aufgeschürfte Hand gab, und am dritten und vierten Tag war es ebenso. Die Tage glichen einander wie Nickys Zinnsoldaten auf dem Tisch im Kinderzimmer. Das Einzige, was sich veränderte, war Lucilles Liebe zu der Familie und zu den Kindern – eine blinde, leidenschaftliche Hingabe, die sich jeden Morgen zu verdoppeln schien. Sie bemerkte und liebte viele Dinge: die Art, wie Heloise ihre Milch in kleinen Schlucken ganz hinten im Hals trank; den blonden Flaum auf den Rücken der Kinder, der im Nacken in das Haar mündete; beim Baden die schmerzhafte Verletzlichkeit der beiden Körper.

Am Samstagabend fand sie in dem Kasten an der Tür des Dienstbotenhauses einen an sie adressierten Briefumschlag. Darin waren ein zusammengefaltetes, leeres Blatt Papier sowie zwei neue Zwanzigdollarscheine. Lucille hielt einen der knisternden Scheine in der Hand und betrachtete ihn. Sein Wert bedeutete ihr gar nichts. Um das Geld auszugeben, hätte sie in Läden und Geschäfte gehen müssen, wo andere Menschen waren. Und was sollte sie mit Geld, wenn sie das Grundstück der Christiansens doch nie verlassen würde? Es würde sich einfach ansammeln, jede Woche vierzig Dollar. In einem Jahr würde sie zweitausendundachtzig Dollar haben, in zwei Jahren doppelt so viel. Schließlich würde sie womöglich mehr haben als die Christiansens, und das war nicht in Ordnung.

Würden sie es sehr eigenartig finden, wenn sie sie bat, umsonst arbeiten zu dürfen? Oder vielleicht für zehn Dollar?

Sie musste mit Mrs. Christiansen sprechen, und das tat sie am nächsten Morgen. Der Zeitpunkt war nicht günstig gewählt. Mrs. Christiansen stellte gerade das Menü für eine Abendgesellschaft zusammen.

»Was gibt's?«, fragte Mrs. Christiansen freundlich.

Lucille sah, wie der gelbe Stift in ihrer Hand rasch über das Papier glitt. »Es ist zu viel Geld, Ma'am.«

Der Stift hielt inne. Mrs. Christiansen öffnete überrascht den Mund. »Sie sind wirklich eine komische Frau, Lucille.«

»Wie meinen Sie das – komisch?«, fragte Lucille neugierig.

»Nun, erst wollen Sie praktisch Tag und Nacht für die Kinder da sein. Sie nehmen sich nie einen Nachmittag frei. Sie sprechen immer davon, dass Sie etwas ›Wichtiges‹ für uns tun wollen – obwohl ich mir nicht vorstellen kann, was das sein könnte … Und jetzt sagen Sie, dass Sie zu viel Gehalt bekommen! Wir hatten noch nie eine Hausangestellte wie Sie, Lucille. Sie sind wirklich ganz anders als die anderen.« Sie lachte, und ihr Lachen war leicht und ungezwungen, im Gegensatz zu der jungen Frau, die angespannt vor ihr stand.

Lucille war von ihren Worten wie gebannt. »Wie meinen Sie das – anders?«

»Das habe ich Ihnen doch gerade gesagt, meine

Liebe. Und ich weigere mich, Ihr Gehalt zu kürzen, denn das wäre glatte Ausbeutung. Im Gegenteil, wenn Sie Ihre Meinung ändern und um eine Gehaltserhöhung bitten sollten …«

»O nein, Ma'am! Aber ich wollte, es gäbe noch mehr, was ich für Sie tun könnte … für Sie alle …«

»Lucille! Sie arbeiten für uns, oder? Sie kümmern sich um unsere Kinder. Was könnte wichtiger sein als das?«

»Ich meine, etwas Größeres. Ich meine, etwas –«

»Unsinn, Lucille«, unterbrach Mrs. Christiansen sie. »Dass die Leute, für die Sie früher gearbeitet haben, nicht so freundlich waren wie wir, bedeutet doch nicht, dass Sie sich für uns krumm arbeiten müssen.« Sie wartete darauf, dass Lucille sich zum Gehen wandte, doch die blieb mit verwirrtem Gesichtsausdruck neben dem Schreibtisch stehen. »Mein Mann und ich sind sehr zufrieden mit Ihnen, Lucille.«

»Danke, Ma'am.«

Sie ging wieder ins Kinderzimmer, wo Nicky und Heloise spielten. Es war ihr nicht gelungen, sich Mrs. Christiansen verständlich zu machen. Wenn sie noch einmal zu ihr ging und ihr erklärte, wie sie sich fühlte, wenn sie ihr von ihrer Mutter erzählte und von der Angst, die sie so viele Monate lang gehabt hatte, wenn sie ihr sagte, dass sie es nicht einmal gewagt hatte, etwas zu trinken oder eine Zigarette zu rauchen … und dass die einfache Tatsache, dass sie mit der Familie in diesem wunderschönen Haus sein durfte, sie wieder gesund gemacht hatte … wenn sie ihr all das erzählte, würde es vielleicht die Last von ihr nehmen. Sie wandte sich zur Tür, doch der Gedanke, Mrs. Christiansen zu stören oder sie mit ihrer Geschichte, einer Dienstbotengeschichte, zu langweilen, ließ sie innehalten. Und so trug sie für den Rest des Tages die Dankbarkeit, die sie nicht hatte ausdrücken können, wie eine schwere Bürde in ihrer Brust.

In dieser Nacht saß sie bis nach Mitternacht in ihrem Zimmer und ließ das Licht brennen. Sie hatte jetzt Zigaretten und gestattete sich nur drei, doch selbst die genügten, um das Blut in ihren Ohren brausen zu lassen, um ihren Geist zu entspannen und Träume von Heldentaten in ihr aufsteigen zu lassen. Und als die drei Zigaretten geraucht waren und sie gern noch eine geraucht hätte, erhob sie sich – ihr Kopf fühlte sich ganz leicht an – und legte das Päckchen in die oberste Schublade, um nicht in Versuchung zu kommen. Beim Schließen der Schublade bemerkte sie auf der Schachtel mit den Taschentüchern die beiden Zwanzigdollarscheine, die sie von den Christiansens bekommen hatte. Sie nahm sie und setzte sich wieder auf den Stuhl.

Sie brach ein Streichholz aus einem Streichholz-briefchen, zündete es an und legte es mit dem brennenden Ende nach unten auf den Rand des Aschenbechers. Langsam zündete sie ein Streichholz nach dem anderen an und legte sie so in den Aschenbecher, dass ein kleines, flackerndes, kontrolliertes Feuer entstand. Als alle Streichhölzer verbraucht waren, riss sie das Briefchen in kleine Stücke und fütterte das Feuer nach und nach damit. Schließlich riss sie die Geldscheine mit einiger Anstrengung in etwa gleich große Fetzen und legte sie ebenfalls in das Feuer.

Mrs. Christiansen hatte sie nicht verstanden, doch wenn sie das hier sehen könnte, würde sie vielleicht verstehen. Dennoch war dies nicht genug. Auch treue Dienste waren nicht genug. Für Geld würde jeder treue Dienste leisten. Sie aber war anders. Hatte Mrs. Christiansen das nicht selbst gesagt? Dann fiel ihr ein, was sie außerdem gesagt hatte: »Mein Mann und ich sind sehr zufrieden mit Ihnen, Lucille.«

Die Erinnerung an diese Worte brachte ein entzücktes Lächeln auf ihre Lippen. Sie stand auf. Sie fühlte sich wunderbar stark und sicher in ihrer Position bei den Christiansens. ›Mein Mann und ich sind sehr zufrieden mit Ihnen, Lucille.‹ Es gab eigentlich nur eines, was ihr zum vollkommenen

Glück fehlte: Sie musste sich in einer Krise bewähren.

Wenn nur so eine biblische Plage käme ... »Und so begab es sich, dass eine große Plage das Land befiel.« So ungefähr hieß es doch in der Bibel. Sie stellte sich vor, dass eine Flutwelle heranbrandete und immer höher stieg, bis zum Kinderzimmer. Sie würde die Kinder retten und sie schwimmend in Sicherheit bringen, wo immer das auch sein mochte.

Rastlos ging sie auf und ab.

Oder wenn es ein Erdbeben gäbe ... Sie würde zwischen schwankenden Mauern hindurch ins Haus rennen und die Kinder herausholen. Vielleicht würde sie wegen irgendeiner Kleinigkeit – Nickys Zinnsoldaten oder Heloise' Malkasten – noch einmal hineingehen, und dabei würde sie verschüttet werden und sterben. Dann würden die Christiansens erkennen, wie groß ihre Liebe gewesen war.

Oder es konnte ein Feuer ausbrechen. Überall konnte ein Feuer ausbrechen. Feuer war etwas ganz Gewöhnliches und bedurfte keines himmlischen Ratschlusses. Für ein schreckliches Feuer brauchte es nicht mehr als das Benzin in der Garage und ein Streichholz.

Sie ging hinunter und durch die Verbindungstür zur Garage. Der Tank war einen Meter hoch und ganz voll, und wenn Lucille nicht so überzeugt gewesen wäre von der Notwendigkeit und Wichtigkeit ihrer Tat, wäre es ihr gewiss nicht gelungen, ihn über die Schwelle der Zwischentür und des Eingangs zum Dienstbotenhaus zu bugsieren. Sie rollte den Tank durch den Garten, wie sie Arbeiter Bierfässer und Aschentonnen hatte rollen sehen. Auf dem Rasen machte er kein Geräusch, und als sie einen der gepflasterten Wege überquerte, hörte man nur ein kurzes Rumpeln, das sich in der Nacht verlor.

Nirgends brannte ein Licht, und selbst wenn noch eines der Fenster erleuchtet gewesen wäre, hätte Lucille sich nicht abhalten lassen. Selbst wenn Mr. Christiansen dort am Springbrunnen gestanden hätte, wäre sie unbeirrt geblieben, denn sie hätte ihn vermutlich gar nicht bemerkt. Und außerdem: War sie denn nicht im Begriff, eine edle, heldenhafte Tat zu vollbringen? Nein, sie hätte wohl nur das Haus und die Gesichter der Kinder in dem Fenster im ersten Stock gesehen.

Sie schraubte den Tankverschluss auf und goss etwas Benzin an eine der Ecken des Hauses, rollte den Tank weiter und goss hier und da Benzin auf die weißen Schindeln, bis sie die nächste Hausecke erreicht hatte. Dann zündete sie ein Streichholz an und hielt es an die feuchten Stellen. Ohne sich umzudrehen, ging sie zurück zum Dienstbotenhaus, blieb in der Tür stehen und betrachtete ihr Werk.

Die ersten Flammen züngelten blass und begierig, dann wurden sie gelb, mit rötlichen Streifen. Während Lucille zusah, wich der Druck, der auf ihrem Körper und Geist lastete, von ihr und verschwand für immer – er wich der Konzentration und gewollten Anspannung eines Sprinters, der auf den Startschuss wartet. Bevor sie zu Hilfe eilte, würde sie die Flammen bis hinauf zum Kinderzimmerfenster wachsen lassen, damit die Gefahr möglichst groß wäre. Ein Lächeln wie das einer Heiligen spielte um ihren Mund, und jeder, der sie dort im Eingang hätte stehen sehen, wo ihr Gesicht im Licht des flackernden Feuers erglühte, hätte gefunden, dass sie eine schöne junge Frau war.

Sie hatte an fünf Stellen Feuer gelegt, und die Flammen krochen nun an der Hauswand empor wie die Finger einer Hand – warm und flackernd, sanft und streichelnd. Lucille lächelte. Noch hielt sie sich zurück. Die plötzliche Explosion des Benzintanks, der zu heiß geworden war, klang wie ein Kanonenschuss und erhellte einen Augenblick lang die ganze Szene.

Als wäre dies das Signal gewesen, auf das sie gewartet hatte, ging Lucille zuversichtlich und entschlossen auf das große Haus zu.

Textnachweis

Arjouni, Jakob (1964, Frankfurt/Main – 2013, Berlin)
Idioten. Aus: ders., *Idioten. Fünf Märchen.* Copyright ©
2003, Diogenes Verlag AG Zürich.

Busch, Wilhelm (1832, Wiedensahl – 1908, Mechtshausen)
Niemals. Aus: ders., *Gedichte.* Herausgegeben von Friedrich Bohne. Diogenes Verlag AG Zürich, 1974.

Froehling, Simon (*1978)
Sagen können. Originalbeitrag für diese Anthologie. Copyright © 2024 Simon Froehling.

Goethe, Johann Wolfgang (1749, Frankfurt am Main – 1832, Weimar)
Der Zauberlehrling. Aus: ders., *Die schönsten Gedichte.* Diogenes Verlag AG Zürich, 2005.

Rene Goscinny (1926, Paris – 1977, ebenda) und Jean-Jacques Sempé (1932, Bordeaux – 2022, Draguignan) *Lieber Weihnachtsmann.* Aus: dies., *Der Kleine Nick ist wieder da!* Copyright © IMAV éditions/Goscinny-Sempé 2016
Alle Rechte (einschließlich der Marke) bei IMAV éditions, Paris. Die gezeichnete und erzählte Figur des kleinen Nick ist eine als Le Petit Nicolas® eingetragene Marke www.petitnicolas.com. Copyright © der deutschen Ausgabe Diogenes Verlag AG Zürich, 2006.

Highsmith, Patricia (1921, Fort Worth, Texas – 1995, Locarno)
Die Heldin. Aus: dies., *Ladies. Frühe Stories.* Copyright

© 2020, Diogenes Verlag AG Zürich. Aus dem amerikanischen Englisch von Melanie Walz, Dirk van Gunsteren und pociao.

Franz Hohler (*1943, Biel)
Der Wunsch. Aus: ders., *Die Karawane am Boden des Milchkrugs.* Luchterhand Literaturverlag München in der Verlagsgruppe Random House GmbH, 2003. Copyright © Franz Hohler.

Mansfield, Katherine (1888, Wellington – 1923, Fontainebleau)
Psychologie. Aus: dies., *Sämtliche Erzählungen in zwei Bänden. Band 1.* Herausgegeben von Elisabeth Schnack. Erschienen bei Diogenes 2012. Copyright der deutschsprachigen Übersetzung © 1980 Büchergilde Gutenberg, Frankfurt am Main. Aus dem Englischen von Elisabeth Schnack.

Minor, Caroline Albertine (*1988, Kopenhagen)
Segnungen. Aus: dies., *Segnungen.* Titel der 2017 bei Rosinante, Kopenhagen, erschienenen Originalausgabe: ›Velsignelser‹ Copyright © Caroline Albertine Minor 2017. Copyright © der deutschen Ausgabe 2024 Diogenes Verlag AG Zürich. Aus dem Dänischen von Ursel Allenstein

Noll, Ingrid (*1935, Shanghai)
Mein letzter Tag. Aus: dies., *In Liebe Dein Karl.* Copyright © 2021 Diogenes Verlag AG Zürich.

Paoli, Betty (1814, Wien – 1894, Baden bei Wien)
Frühlingsgedanken. Aus: dies., *Gesammelte Gedichte.* Herausgegeben von Karl-Maria Guth. Hofenberg Verlag Berlin, 2015.

Friedrich Rückert (1788, Schweinfurt – 1866, Neuses)
Der unerfüllte Wunsch. Aus: ders., *Gedichte.* Herausgegeben von Walter Schmitz. Reclam Verlag Stuttgart, 1998.

Bildnachweis

Hans Vandekerckhove
Wild Geese. 1999. Copyright © Hans Vandekerckhove. S. 62
Todd Young
Shooting Star. German Shepherd Dog Print. Copyright ©
Todd Young. S. 6